基于通行能力提升的
快速路公交专用道优化管理方法

沈金星　著

北　京
冶金工业出版社
2018

内 容 提 要

本书采用我国快速路实际交通流数据，从机理分析、理论研究、案例应用这三个层面出发，探索研究了快速路设置公交专用道后路段通行能力的变化情况，提出了公交专用道的间歇式优化管理方法，可以定量地分析城市快速路设置公交专用道对路段通行能力的影响，交通管理者则可以根据公交专用道上的剩余通行能力来调整进入公交专用道的普通车流量，以保证公交专用道具有较高的服务水平，为快速路公交专用道的优化管理提供理论依据和决策参考。

本书可供高等院校交通工程、交通运输规划与管理等专业的高年级本科生和研究生使用，也可供政府交通管理和规划部门及相关科研设计单位从业人员参考。

图书在版编目(CIP)数据

基于通行能力提升的快速路公交专用道优化管理方法/沈金星著. —北京：冶金工业出版社，2018. 11
ISBN 978-7-5024-7946-6

Ⅰ. ①基… Ⅱ. ①沈… Ⅲ. ①公共汽车—快速定线客运—交通运输管理—研究 Ⅳ. ①U492. 4

中国版本图书馆 CIP 数据核字（2018）第 258746 号

出 版 人 谭学余
地 址 北京市东城区嵩祝院北巷 39 号 邮编 100009 电话 (010)64027926
网 址 www. cnmip. com. cn 电子信箱 yjcbs@ cnmip. com. cn
责任编辑 郭冬艳 美术编辑 彭子赫 版式设计 禹 蕊
责任校对 卿文春 责任印制 牛晓波
ISBN 978-7-5024-7946-6
冶金工业出版社出版发行；各地新华书店经销；三河市双峰印刷装订有限公司印刷
2018 年 11 月第 1 版，2018 年 11 月第 1 次印刷
169mm×239mm；9. 25 印张；180 千字；140 页
48. 00 元

冶金工业出版社 投稿电话 (010)64027932 投稿信箱 tougao@cnmip. com. cn
冶金工业出版社营销中心 电话 (010)64044283 传真 (010)64027893
冶金书店 地址 北京市东四西大街 46 号(100010) 电话 (010)65289081(兼传真)
冶金工业出版社天猫旗舰店 yjgycbs. tmall. com

前　言

为了缓解交通拥堵状况，在满足公交优先通行需求的同时，进一步提高城市快速路的通行能力，本书提出了城市快速路公交专用道的间歇式优化管理方法。所谓的公交专用道间歇式管理是指在不影响公交车在公交专用道上的正常通行的情况下，可以允许普通车辆通过缴纳一定的费用来使用此专用车道，以充分利用公交专用道的剩余通行能力。交通管理者则可以根据公交专用道上的剩余通行能力来调整进入公交专用道的普通车流量，以保证公交专用道具有较高的服务水平。在某种程度上，公交专用道间歇式的交通管理方式不仅可以实现公交优先管理，还可以避免设置常规公交专用道时可能带来的车道利用率不充分问题。

本书采用我国快速路实际交通流数据，从机理分析、理论研究、案例应用三个层面出发，探索研究了快速路设置公交专用道后路段通行能力的变化情况，提出了公交专用道的间歇式优化管理方法。本书首先设计了一种新的交通流数据采集方法，分析了我国快速路交通流的自有特性，构建了符合我国快速路混合交通流特性的车辆跟驰与换道模型。基于交通流基本图模型，从理论上分析了设置间歇式公交专用道对快速路路段通行能力的影响。以此为基础，结合元胞自动机基本模型以及本书构建的车辆跟驰、换道模型，建立了一个快速路交通流仿真模型，作为研究快速路通行能力变化机理的工具。最后，选择了一条快速路作为实际案例，研究了快速路公交专用道的间歇式优化管理对道路通行能力的影响。

本书的完成得益于国家自然科学基金（编号：51808187）、江苏省自然科学基金（编号：BK20170879）、江苏省博士后科研资助计划

（编号：1701086B）、河海大学浅水湖泊综合治理与资源开发教育部重点实验室开放基金（编号：2015B06114）、中央高校基本科研业务费（编号：2016B01014）的资助。感谢2018级硕士研究生齐军杰，对书稿的校正工作。本书在撰写过程中，参考并引用了大量国内外相关文献资料和研究成果，在此一并表示感谢。

由于作者水平有限，本书难免存在不足之处，恳请有关专家、同行和广大读者批评指正。

作　者

2018年7月

目　录

1 绪　论

1.1 研究背景及意义

1.1.1 研究背景

随着社会经济的快速发展，我国居民机动车的保有量也随之迅猛增长，城市交通的出行压力逐年增加。根据国家统计局 2018 年公布的调查统计数据，近十年来我国 GDP 的平均增长率达到 8.0%，机动车保有量的平均增长率达到 12.6%，而道路里程的平均增长率只有 4.9%，如图 1-1 所示。道路供给能力的增长速度与居民出行需求增长速度的不匹配，导致以前只在一线大城市出现的交通拥堵现象，开始向二三线中小城市快速扩散蔓延[1]。由于交通拥堵不仅会影响城市的集散功能，降低城市活力，诱发交通事故，还会加剧城市环境的污染，阻碍社会经济的增长，其已成为制约城市健康发展的重要因素[2~4]。在过去的十余年中，如何提高城市道路资源的利用效率，缓解城市交通拥堵，已成为我国各级政府都必须要面对的难题[5]。

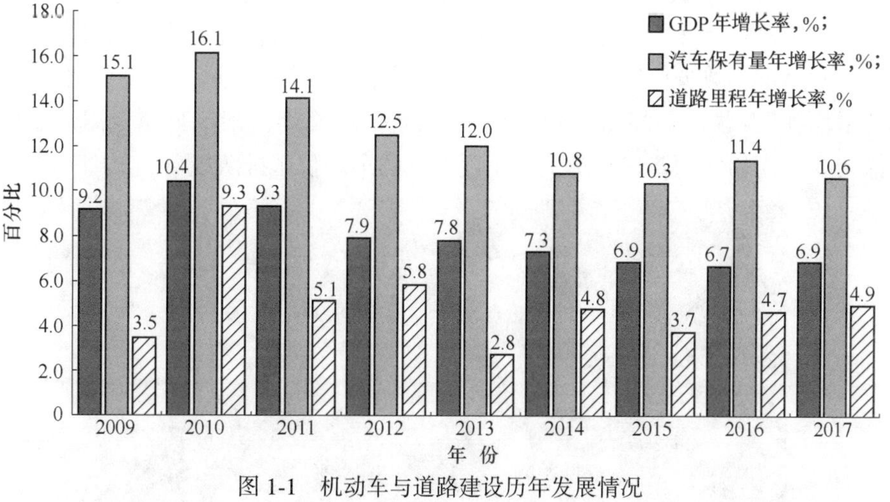

图 1-1　机动车与道路建设历年发展情况

为了破解城市越发展交通越拥堵的困境，相当多的城市开始推进公交优先策略，试图通过大力发展公共交通来缓解城市交通压力[6~9]。然而，对于未设置公交专用道的路段，由于对道路上的不同出行需求并没有进行区分，在出行高峰期，路段上大量的公交车反而成了路段上的移动瓶颈[10~13]。如图 1-2 所示，大力发展的公共交通有时候不仅没有实现优先，反而降低了路段的通行效率，加剧了路段的交通拥挤。

图 1-2　快速路混行造成的交通拥堵

为了在空间上为公交车提供充分的道路使用权和优先通行权，提高公交运行效率，改善公交服务质量，国内外大量城市在快速路设置了公交专用道。作为推行公交优先的主要措施之一，开辟公交专用道，实现公交车与社会车辆的分离，减少社会车辆对公交车的影响，使得公交更加的快速、安全，在国内外众多城市中取得了不错的效果。然而，现有的专用道路体系有其自身适用的道路条件和交通条件，使得在城市道路中设置普通公交专用道的条件较为苛刻。除此之外，由于公交专用道对交叉口服务水平的影响非常大，而且当公交车的频率较低时，开辟公交专用道会减少普通车道数量，从而显著降低路段的通行能力，增加社会车辆的平均延误[14~19]。如图 1-3 所示，在出行的高峰期，某些公交专用道上公交车辆稀少，而相邻的普通车道上却出现严重的车辆积压排队现象。

图 1-3　快速路公交专用道未得到充分利用

为了从通行能力的角度定量地研究快速路设置公交专用道的优化管理方法，依托江苏省自然科学基金（BK20170879）：需求响应式接驳公交服务区域的生成演化机理及动态划分方法研究，以及江苏省博士后科研资助计划项目（1701086B），本书开展城市快速路的交通流特性、交通流模型、路段通行能力以及快速路设置公交专用道后路段通行能力变化相关的研究。本书的研究不仅可以作为我国道路通行能力相关研究的一种补充，研究成果还可以作为城市公交优先相关策略的理论支撑。

1.1.2 研究意义

本书以提高城市快速路的使用效率，满足公交优先策略的实施为出发点，从快速路复杂交通流特性的分析入手，进行快速路设置公交专用道对路段通行能力的影响研究。本书的研究主要有以下几点意义：

（1）以混合交通流特性的研究为基础，分析不同混合交通流在车道上的分布平衡，构建不同交通流状态下不同类型车辆的跟驰与换道模型，研究影响我国快速路通行能力的关键因素，是对我国现有混合交通流理论以及道路通行能力等相关研究的补充和完善。

（2）以国外公交专用道的成功应用经验为参考，研究设置公交专用道对路段通行能力的影响，有助于交通管理者和研究者掌握公交专用道设置的条件，为提高城市道路利用效率，解决城市交通拥堵提供了一种新的途径。

（3）通过对公交专用道设置后车道交通承载力的研究，可以提高公交服务的可靠性，在满足公交优先的同时，减少公交车辆对路段通行能力的负面影响，对大力推广公交优先策略提供了新思路。

1.2 研究范围界定

影响路段车道通行能力的影响因素有很多，一般情况下可以分为道路条件、交通条件、控制条件、环境条件四类[20, 21]。其中道路条件主要是指道路的几何特征，包括车道、中央带的宽度、车道数、车道的平纵曲线和视距等。交通条件主要指道路的交通特征，包括交通流量，交通组成以及不同车道上交通量的分布等。控制条件则主要指道路交通控制设施的形式和特定的交通设计和管理规则等。环境条件主要是指道路交通运行的气候条件、横向交通干扰程度和交通秩序等内容。由于公交专用道是快速路上设置的具有特殊通行权的独立的车道，这种车道的设置对道路的坡度、车道宽等物理几何特征几乎没有显著影响，对快速路上其他车道交通条件的影响则较为显著。因此，本书在研究公交专用道对路段通行能力的影响时主要研究车道设置前后，路段交通组成的重构、不同车道交通量分布平衡带来的交通流特性的改变对路段通行能力的影响。

1.3 国内外研究概况

1.3.1 公交专用道研究概况

1.3.1.1 国外研究概况

美国早在20世纪30年代之初就已提出在快速路设置公交专用车道的设想，20世纪60年代，得克萨斯、新泽西等地区开始针对快速路进行公交专用车道研究。随着燃油价格的不断上涨以及汽车尾气排放对城市环境造成的负面影响不断加剧，越来越多的美国城市开始重视发展公共交通。针对居民利用高速公路进行通勤出行且出行距离较长这一特性，很多美国城市在新建、扩建市区公交线网的同时，在高速公路和快速路上为长距离公交线路提供专用车道，以节省运营时间、提高运营效率。英国第一条快速路公交专用车道：M4快速路公交专用车道，连接着希思罗机场与其周边路网。在设置公交专用车道的同时配以专门的信号控制，既能确保公交运行的速度和可靠性，又减少了对社会车辆的影响[22]。到目前为止，世界上有100多个城市设置了公交专用道[23]，有效缓解了城市道路交通拥堵。

然而，设置公交车道能带来的优势与道路网络的拥挤程度直接相关[24]。在城市路网中设置公交专用道会减少其他车辆的行驶空间，因此，引入专用公交车道的影响可以根据其他类别的机动车辆的速度降低来衡量[25]。Arasan等认为，在印度设置公交专用道的最佳服务水平是C级，设置公交专用道会吸引其他车辆向公交转移[26]。基于元胞自动机交通流模型的仿真分析结果表明，公交车与小汽车的混合交通流不利于缓解交通拥堵，公交专用道能使公交车不受其他车辆影响，但却会影响其他交通流[27]。Mesbah等构建了一个双层优化模型，分别从系统管理者和出行者的角度分析了设置公交专用道后私家车和公交车在道路空间上的分配情况，通过遗传算法可以求解公交专用道和普通车道的最佳组合[28]。基于最小化道路使用者的出行成本和公交运营成本构建的双层优化模型的分析结果表明，随着交通需求的增加，公交专用道和可变发车频率的组合优化能带来更好的系统效果。而公交专用道的过度设置同样会降低运输系统的运行效率[29]。Jang等对旧金山湾区所有高速公路调查数据的分析结果表明，将专用道行驶的部分或全部车辆降级为使用普通车道可能会显著增加普通车道的交通拥堵[30]。无论公交专用车道位置如何，公交信号优先可以改善公交时刻表和公交服务质量，但设置公交专用道时，应更注意普通车辆和行人的表现[31]。Ismail等研究认为，适当的公交服务时间表是公交运营可靠性的主要问题，通过设置公交专用道来减少公交行车延误是提高其可靠性的一种解决方案[32]。对于主干路和整个道路网络，随着专用公交车道的设置，公交车、普通车辆和混合交通流的运营效率都能得到提高，中间车道比路侧车道的公交专用道设置方案更有优势[33]。Guler 等研究认为，当公交专用道上的公交车以低速行驶时，会浪费道路空间资源。在不延误公交车行驶的情况下，允许普通车辆使用公交专用道可以增加瓶颈道路的车辆承载率并减少行车延误[34]。在信号交叉口考虑公交专用道的优先策略会浪费交叉口的有效绿灯时间，尤其在公交流量较低时会给其他车辆带来额外的延误。通过在主信号的上游附加信号，可用于更好地利用主信号的能力，同时仍提供公交优先并减少系统范围人员的延误时间[35]。在公交专用道设置之前对城市快速路的通行能力进行分析是必要的[36]。Khoo 等研究认为，公交专用道的设置虽然会提高公交服务水平，但不合理的公交专用道设置也可能会减少路段的通行能力，并加剧城市交通拥堵[37]。虽然设置公交专用道会提高公交的出行比例，但在某些特殊的路网上，添加新的公交专用道却会带来出行比例的降低，从而会出现公交专用道设置悖论。Mane 等研究认为，通过设置公交专用道，出行者愿意从私家车出行转向公交车以减少出行时间和节约出行成本。然而当允许合乘车辆使用公交专用道后，由于公交车和其他车辆的相互作用，会增加公交车的行程时间，导致出行者从公交车转向私家车出行[38]。

1.3.1.2 国内研究概况

随着我国公交专用道布设里程的快速增长，关于公交专用道方面的研究也越来越多。李铁柱等研究认为，不合理的公交专用道设置可能会带来普通车道行车状况的恶化，路段设置公交专用道的最佳公交流量比例主要受道路交通量、车道数和车道通行能力的影响，交叉口设置公交专用进口道的最佳公交流量比例主要受交叉口进口交通量、进口车道数、进口道通行能力和交叉口信号配时的影响[39]。交叉口饱和度在 0.6~0.8 之间时，设置公交专用进口道将对交叉口交通运行产生积极的影响[40]。马红江等研究认为，设置公交专用道后，在降低公交车延误的同时也增加了其他社会车辆的延误时间，公交专用道设置的合理性将会直接影响交通流的运行状况[41]。牛惠民等认为，通常情况下，设置公交专用道能够改善公交车的运行效率，但公交车运行指标的改善程度与公交到达率、信号配时参数有关[42]。公交专用道的开辟和公交信号优先的设计，将使得公共交通拥有更高的行驶速度和服务水平[43, 44]。通过为公交专用道设置绿波信号协调控制方法，可以在不降低社会车道绿波控制效果的情况下，有效减少公交专用道在交叉口处的停车延误[45]。徐建闽等认为，现有道路条件上结合逆向可变车道与左转公交专用道，同时调整交叉口信号配时方案，可以实现交叉口时空资源的充分利用，提高交叉口公交车的运行效率，有效缓解交叉口的拥堵问题[46]。陈艳艳等认为，公交车客流总行程时间会随着专用道时间的延长而减少，社会车辆客流量总行程时间则会随着专用道时间的延长而增加，通道整体客流总行程时间会减少，通道整体通行效率提高[47]。吴娇蓉等认为，只有合理设置路侧公交专用道的长度，才能有效保障公交运行可靠性和运行效益[48]。邵春福等认为，实施公交优先政策时如果不能对公交专用道和社会车道应分担的交通量做出正确的估算会造成道路资源的浪费。针对不同的居民出行量，公交车在一定的比例范围内时小汽车用户会选择公交出行，并使道路交通系统达到最优[49]。陈峻等认为，公交比例对公交专用道设置的临界条件有显著的影响[50]。陆化普等认为，通过建立路网系统效益和客流分布最优的双层规划模型，可以实现公交专用道的科学规划与优化布局[51]。卢小林等认为，公交专用道的选址需要与公交线网的调整优化以及公交优先控制措施同步实施[52, 53]。四兵锋等认为，为了提高公交专用道的使用效率，必须对公交专用道的设置进行系统化、网络化、规模化的优化和管理[54]。对公交专用道的效益进行分析时，可以利用全寿命周期理论分析公交专用道可创造的经济与社会价值[55]。

延误是破坏公交专用道运营效果的原因之一，而延误和公交流量有很大关系[56]。龙建成等认为，公交车发车频率越高，设置公交专用道的效果越好，而公交车发车频率较低时，设置公交专用道反而会增加出行者的总体出行成本[57]。在保证公交优先的前提下，允许社会车辆在无公交情况下使用此车道会大幅度改变车辆的运行状况和道路的资源利用情况，若能合理设置此类临时性公交专用道，将会产生较大的经济效益[58]。董红召等认为，通过设置保证公交优先的车道复用方法可以较好地解决公交专用道与普通车道资源利用之间的矛盾[59]。李文权等认为，在城市道路中设置公交专用道的条件较为苛刻，公交站点的设置方式会对公交专用道的通行能力产生影响[60]。设置间歇式公交专用道比常规道路更能提高公交车的运营车速，且对社会车辆的影响较小。在公交车发车频率较低，社会车辆交通量较大的路段，设置间歇式公交专用道能较大程度地利用城市道路资源，提高道路通行能力的利用率。随着公交运营速度的降低，设置间歇式公交专用道的路段通行能力下降，只有当发车间隔大于集结消散时间时，公交车的发车间隔才会影响路段的通行能力，此时通行能力随发车间隔的增大而增加[61]。为了保证公交车辆在间歇性优先公交车道上的运行不受非公交车的干扰，需要预留一定长度的道路空间，当前方车辆遇到延误时，公交车可利用这段缓冲距离，保证其仍然能以正常车速向前行驶[62]。

1.3.2 通行能力研究概况

1.3.2.1 国外研究概况

国外最早系统地进行通行能力研究介绍的成果可以追溯到 1950 年美国联邦公路局出版的《道路通行能力手册：实际应用研究》[63]。随着时间的推移，在实践应用中，1950 年版的研究成果已不能解决美国大规模洲际公路网修建过程中的种种问题。因此在 1965 年，通过对当时最新研究成果的总结，美国高速公路研究委员会组织编制了第二版。1985 年，美国交通运输研究委员会（TRB）组织编制了第三版。随后，在 1994 年和 1997 年 TRB 又组织对该手册进行了修编，并于 2000 年修订并出版了第四版（HCM2000），在 2010 年，TRB 出版了《道路通行能力手册》第五版（HCM2010），在 2016 年 TRB 出版了第六版（HCM2016）。

近年来，Boris. Kerner[64]研究了三相交通流理论与通行能力之间的关系。研究者将三相交通流理论与传统交通流理论进行了对比，构建了通行能力的概率模型。Guillermo Thenoux[65]等基于智利第一高速公路的交通流数据，使用通行能力手册 2000 构建了智利第一高速公路的自由流模型，并将此模型与使用通行能力手册 1985 构建的模型进行了对比分析。Jorge A. Laval[66]基于随机过程构建了移动瓶颈对高速公路通行能力的估算模型，分析了由于高速公路上低速车辆行驶带来的移动瓶颈对高速公路通行能力的影响情况。Kitti Subprasom[67]等研究了高速公路收费的费率与通行能力之间的关系，分析了不同费率与通行能力组合条件对 BOT 投资选择的影响情况。Werner Brilon[68]则将可靠度的概念应用到对高速公路通行能力的分析中，基于随机过程分析了通行能力可靠性条件下的高速公路交通流特性。John D. Zegeer[69]等人研究了使用通行能力手册分析高速公路通行能力和服务水平的缺省值设置情况。研究成果认为，在实际应用过程中，完全可以使用通行能力手册的缺省值进行实际工程设计，而部分参数则需要通过实地调查分析得到。RuiJiang[70]等人基于元胞自动机，研究了提高道路通行能力的方法。研究成果认为通过将道路交通流进行同质化处理后，可以提高道路的通行能力。JunYao[71]等人基于两相模型进行了道路通行能力的估算研究。研究成果认为，这种两相模型能更好地估计交通流关键参数以及道路通行能力。Joonhyo Kim[72]基于仿真模型研究了双向双车道道路的通行能力。将不同条件下道路通行能力的模拟结果与 HCM2000 中提出的道路通行能力进行对比。对比结果认为，货车的存在对道路通行能力的降低程度可能超过了 10%。Yuichiro Yoshida[73]研究了拥挤道路的收费、道路通行能力、建设负载之间的关系。Boris S. Kerner[74]等使用元胞自动机研究了交通不稳定流、通行能力、协同流之间的关系。Roger P. Roess[75]研究了通行能力手册 2010 中的高速公路的速度流量曲线。Nguyen Y. Cao[76]研究了估算城市道路通行能力时摩托车的换算系数。研究者使用越南河内的城市交通流参数分析了摩托车的换算系数。Chetan R Patel [77]等利用实际调查数据，分析了印度混合交通流条件下的交通流量、速度之间的变化规律，研究了混合交通流条件下印度城市主干道通行能力与服务水平。Ashish Dhamaniya[78]等研究了城市主干道多相交通流之间的换算系数。研究者使用印度多条六车道主干道上的交通流数据，构建了一种新的车辆换算因子。Shy Bassan[79]利用以色列的交通流数据，分析了高峰小时系数与通行能力和服务水平之间的关系，根据不同的道路分类，对高峰小时系数的换算公式进行了参数拟合。Vipul Modi[80]等结合 HCM 中提出的路段通行能力推荐指标，结合佛罗里达当地交通流特征，通过对两种经典的通行能力估算方法的比较，研究了一个简单而适用于快速路规划设计的快速路通行能力估算方法。Mario De Luca[81]等为了将 HCM 中提出的道路服务水平能够运用到意大利的实际情况，利用意大利两条快速路的交通流数据，对车辆换算系数进行了重新标定。Arpan Mehar[82]等利用实际交通流数据，对 VISSIM 软件进行标定，研究了快速路路段混合交通流的通行能力。研究结果表明，利用仿真软件得到的仿真数据能够很好地匹配实际调查的交通流数据。

1.3.2.2　国内研究概况

与国外相比，我国对道路通行能力的研究起步较晚。虽然到目前为止还没有出现一个适合我国国情的通用的通行能力手册。但是通行能力的研究一直是我国学者的研究热点。在中国知网数据库中检索“通行能力”词条，就能得到超过 3.6 万条的搜索结果。

近年来，孙朝苑[83]进行了混合车流条件下路段通行能力的研究。通过对现有路段通行能力修正方法的比较分析，运用灰色定权聚类理论得到了适合于路段通行能力分析的方法。冯雪松[84]等研究了车辆慢速行驶导致的道路通行能力降低的现象，以实际数据分析了机动车速度与通行能力之间的关系。谢洪新[85]等研究了双车道公路通行能力的仿真模拟，提出了一种基于车辆期望车速的通行能力模拟程序流程。熊烈强[86]等对路段通行能力及服务水平指标进行了研究。研究者提出了一种可用于道路通行能力计算和服务水平评价的交通流理论模型。高爱霞[87]等研究了路段随机因素对通行能力的影响，利用 BP 神经网络模型对道路通行能力与各种影响因素之间的函数关系进行逼近拟合，建立了通行能力计算的神经网络模型。张枭雄[88]等对不同条件下的车道利用率进行了仿真研究。研究者利用仿真模拟研究了双车道和三车道路段流量的换道次数以及不同车道利用率之间的基本规律。张亚平[89]完成了快速路基本路段交通流特性和通行能力关系的研究。论文利用视频检测器等交通流检测器获得了七个城市快速路在不同时段的交通流实测数据，基于突变理论，分析了快速路交通流出现交通拥堵的突变机理，建立了交通流速度突变模型，从而推算快速路基本路段通行能力。钟连德[90]等基于大量快速路实测数据，建立了速度流量的统计回归模型，给出了城市快速路基本路段的通行能力值。柳荫[91]通过对不同车道交通流特性的实测数据进行分析，建立了分车道的流量速度模型，得到了典型道路各个车道的通行能力值和车道利用系数。章小军[92]等研究了非港湾式停靠站对路段通行能力的影响研究。通过对路段上非港湾式公交车站对路段通行能力影响因素的分析，使用仿真模型，得到了非港湾式停靠站对路段通行能力的影响系数。张亚平[93, 94]等针对高速公路路段通行能力影响因素的不确定性和模糊性，建立了高速公路路段通行能力的评价模型。李爱增[95]等利用概率论方法，研究了路段多车型混合车流的通行能力模型。谢军[96]等在对高速公路交通特征进行分析的基础上，研究了高速公路基本路段通行能力与服务水平。根据收费站处车辆的交通行为，研究了高速公路收费站处通行能力与服务水平指标的计算公式。杨孝宽[97]等研究了公交停靠站对路段通行能力的影响。研究成果认为，可以利用公交到达频率和影响时间来描述公交停靠站处的路段通行能力。邵敏华[98]等研究了城市道路等效通行能力的概念，并利用实际的调查数据，证实了等效通行能力理论的优越性。张小宁[99]等根据通行能力变化时的道路瓶颈动态交通分配模型，分析了动态交通信号控制与旅行信息系统的工作原理。杨小宝[100]等根据流体力学的研究方法，研究了道路通行能力随车道数增加而边际递减的问题，构建了考虑换道的车道交通流动力学模型，并利用实际数据验证了模型的合理性。邵长桥[101]等在分析了道路通行能力不确定性产生原因的基础上，使用不确定性分析的方法对道路通行能力进行了研究。提出了应用自助法来分析通行能力的不确定性问题，结合快速路基本路段的速度流量模型，研究了快速路基本路段的通行能力。杜攀峰[102]等利用 VISSIM 软件分析了高速公路交通流运行的基本特征，对通行能力仿真研究的关键参数进行了标定和评价，以此为基础研究了影响道路通行能力各参数的度量指标，推算了不同服务水平下的道路通行能力与交通流临界密度。周均[103]等通过对车辆性能进行分类，基于保守、稳健以及冒险三种类型的驾驶行为，建立了通行能力的计算模型，研究了汽车性能对道路通行能力的影响。杨中良[104]等利用上海快速路的交通流数据，研究了恶劣天气对快速路通行能力的影响，并标定了不同气象条件下的快速路通行能力折减系数。臧晓冬[105]等通过对车头间距的理论分析，基于跟驰时间变量与速度的特性，建立了道路通行能力的计算模型。徐林[106]等人通过对北京主次干路的调查与分析，建立了主次干道基本路段的速度-流量基本模型，研究了北京市城市主次干道基本路段通行能力的推荐指标。结合公交停靠站对路段通行能力的影响，对路缘车道的通行能力指标进行了参数修正，并通过对主次干道通行能力的定量划分，确定了服务水平的划分标准。何胜学[107]等人通过分析节点路段的交通流量与出行阻抗的关系，建立了通行能力约束下的路段流量方程以及弹性交通需求下节点的最短行程时间计算方程，研究了出行者在出行选择时的行为机理。刘利娟[108]等人对弹性需求下路段通行能力的退化情况进行了分析，建立了路段交通流模型。研究认为弹性需求下路段行程时间越长，交通需求会越低。谢秋峰[109]等人对设置间歇式公交专用道路段的通行能力进行了研究。研究成果认为，路段通行能力会随公交车速的降低而下降。当发车间隔大于集结消散时间时，路段通行能力随发车间隔的增大而增加。李成利[110]等研究了混合交通流状态下，公交车对其他车辆的影响情况。邵长桥[111]则对快速路路段通行能力的非参数估计方法进行了研究。论文应用

“乘积限”的方法估算快速路通行能力存在的问题，并推导出通行能力计算的方法。袁静[112]分别探讨了不同道路条件下不同类型的公交停靠站对相邻车道的影响情况，并提出了公交停靠站对相邻车道通行能力的折减模型。孙锋[113]等利用排队论与间隙理论研究了直线式与港湾式公交站台对路段通行能力的影响，构建了公交站点对路段通行能力的影响系数。孙剑[114]等利用实际的交通流数据，研究了快速路瓶颈处交通流失效的生存分析模型，通过对瓶颈处交通流失效概率与瓶颈通行能力的关系的分析，可以精细化的确定快速路瓶颈处的概率通行能力。柳广兴[115]等研究了交通事故对次干道通行能力的影响，结合现有通行能力研究成果，得到了次干道实际通行能力的综合评价模型。蒋阳升[116]等通过对高峰期港湾式公交站台上公交车的延误特性的分析，利用排队论与间隙理论的计算结果对HCM通行能力模型的延误数据进行了修正，研究结果认为修正的通行能力计算结果比HCM模型结果更接近实际情况。李永义[117]等在对震后公路实际通行能力进行深入研究的基础上，定义了震后公路的震害度与评价震害指数的临界区间，推导出了震后公路的通行概率并建立了震后公路的实际通行能力理论计算模型。

1.3.3　国内外研究现状总结

从国内外研究者对公交专用道研究成果的分析可以看出，国内外学者已经认识到合理的公交专用道在节省运营时间、提高运营效率方面的重要作用，并对公交专用道的规划、设计、运营、管理以及公交专用道设置后对道路交通出行方式的影响、对社会环境的影响、对区域路网交通流特性的影响等进行了系统的研究。然而，不合理的公交专用道设置同样会带来公交专用道的设置悖论，国内外研究者已经开始进行公交专用道的间歇式优化管理相关的方法研究。

从国内外研究者对道路通行能力的研究成果的分析可以看出，国外特别是美国已经对道路通行能力进行了长久的系统研究，针对不同道路条件、不同交通流状况提出了不同的道路通行能力计算模型。虽然我国学者对道路通行能力的研究成果也非常多，但是还缺少对这些研究成果的系统集成。除此之外，针对我国快速路复杂交通流特性，系统的研究快速路车辆的跟驰、换道行为对路段通行能力影响的理论成果还相对较少。

因此，通过对我国快速路交通流现状复杂特性的深入分析，构建能够精确描述快速路车辆跟驰、换道行为的交通流模型，分析快速路公交专用道间歇式优化管理对路段通行能力的影响，研究公交专用道间歇式优化管理方法，可以充分提高道路通行能力。相关的成果将会丰富道路交通流理论、通行能力理论以及公交系统优化相关领域的研究，具有重要的理论意义。

1.4　研究目标及主要研究内容

本书的主要研究目标是希望通过对我国快速路交通流数据特性的分析，获取我国快速路交通流状态时空变化的机理，构建符合我国快速路交通流特性的车辆跟驰与换道模型，从而分析快速路设置公交专用道对通行能力的影响情况，研究在快速路公交专用道的优化管理方法。本书的主要研究内容为：

(1) 快速路交通流数据的采集与分析。通过对现有的交通流数据调查方法存在自身局限性的分析，本书将结合雷达检测器和激光检测器构建一种新的交通流数据调查方法。利用此方法可以最大程度获取我国快速路交通流的特性数据。以此为基础，对我国快速路的交通流数据进行了分析，研究了流量分布不均匀性、速度离散差异性以及密度在不同车道的分布平衡对路段通行能力的影响。

(2) 构建一个新的车辆跟驰模型。国内外的研究者提出了各种不同的车辆跟驰模型，为了获得一个适合我国快速路交通流特性的跟驰模型，本书将在研究车辆跟驰模型的基础上，结合我国快速路交通流数据的分析结果构建一个适合我国快速路交通流特性的车辆跟驰模型。

(3) 构建一个新的多车道换道模型。在现有的车辆离散换道选择模型研究的基础上，结合我国快速路车辆换道选择特性，构建一个新的多车道换道模型。并根据调查数据，对模型进行标定，分析了新构建的车辆换道模型与现有换道模型对我国快速路交通流数据的适应性。

(4) 从理论上研究公交专用道间歇式优化管理对快速路通行能力的影响。基于交通流基本图模型，结合移动瓶颈理论，研究混合交通流对快速路通行能力的影响，分析间歇式公交专用道的交通流特性，确定公交专用道的交通运行要求，从理论上研究公交专用道间歇式优化管理对快速路路段通行能力的影响。

(5) 设计一个符合我国交通流特性的快速路通行能力仿真模型。虽然有很多的应用广泛的商业交通流微观仿真软件可以用来分析快速路的通行能力，然而这些软件的核心算法均具有自身的特性，很难通过修改软件核心程序来使其很好地应用于对我国快速路通行能力的仿真分析研究。因此，本书基于新构建的车辆跟驰模型和多车道换道模型，结合元胞自动机模型，构建一个满足我国快速路交通流特性的通行能力仿真模型。新构建的微观仿真模型不仅仅保留了元胞自动机的优点，还集合了具有我国快速路交通流特性的车辆跟驰和换道模型，能够很好地分析我国快速路路段通行能力，研究快速路路段通行能力出现折损现象的关键因素。

(6) 以实际案例的形式研究快速路公交专用道间歇式优化管理的适用性。在理论分析的基础上，通过本书构建的微观交通流仿真模型对其进行有无对比分析，研究快速路公交专用道间歇式优化管理前后路段通行能力的变化，明确快速路公交专用道优化管理方法的适用性。

1.5 研究方法及技术路线

1.5.1 研究方法

本书的研究内容包括了数据采集、数据分析、数据建模、数据仿真等方面。主要采用的研究方法有：

（1）现场观测。本书选择了一种全新的交通流数据采集方法，通过现场观测的方法来获取我国快速路车辆的交通流数据，基于交通流理论分析我国快速路交通流特性，掌握我国快速路交通流的运行规律，得到我国快速路交通流状态的时空变化机理。

（2）数据分析。根据我国快速路交通流数据的分析，研究我国快速路车辆的跟驰行为与换道过程，以此为基础构建快速路车辆的跟驰与换道模型。

（3）模拟仿真。基于已构建的快速路车辆跟驰模型、换道模型，结合元胞自动机模型，构建了一种符合我国快速路交通流特性的路段通行能力仿真模型。通过对仿真模型的校验与改进，可以准确模拟我国快速路的交通流现象与车辆运行规律，分析我国快速路的路段通行能力变化机理。

（4）理论推断与实例验证相结合。基于移动瓶颈理论，结合交通流基本图模型，从理论上分析快速路公交专用道间歇式优化管理对路段通行能力的影响。基于本书构建的快速路通行能力仿真模型，结合我国快速路的交通流实际观测数据，对快速路公交专用道间歇式优化管理后路段通行能力的变化情况进行了实例验证，使本书具有很好的实用性。

1.5.2 技术路线

本书研究目标的实现主要通过以下步骤进行：

步骤一：文献阅读，总结本书相关研究内容的国内外研究现状，制定本书的研究目标，确定本书的研究内容。

步骤二：数据采集与分析，制定交通流数据的调查方案与调查方法，获取快速路交通流运行数据，并对数据进行清洗。以此为基础，分析快速路交通流运行特性，获取快速路交通流特性与路段通行能力之间的关系。

步骤三：构建车辆跟驰模型，通过快速路交通流特性的分析，确定快速路车辆的跟驰行为特点，确定车辆跟驰模型，并对模型进行标定和对比分析。

步骤四：构建车辆换道模型，通过快速路交通流特性的分析，确定快速路车辆的换道行为特点，确定车辆换道模型，并对模型进行标定和对比分析。

步骤五：公交专用道对路段通行能力影响的理论研究，分析公交专用道的交通流特性，并从理论上分析公交专用道间歇式优化管理对路段通行能力的影响机理。

步骤六：城市快速路通行能力仿真模型构建，基于元胞自动机模型，结合建立的车辆跟驰与换道模型，建立模拟快速路交通流的仿真模型，并基于实际数据对模型进行标定，使其能够很好地模拟我国城市快速路的通行能力。

步骤七：实例验证分析，基于本书构建的快速路交通流仿真模型，选择实际的快速路对其进行对比分析，确定公交专用道间歇式优化管理对路段通行能力的影响情况，明确公交专用道间歇式优化管理方法的适用性。

步骤八：研究内容汇总，完成本书撰写。

相关步骤实现的技术路线图如图 1-4 所示。

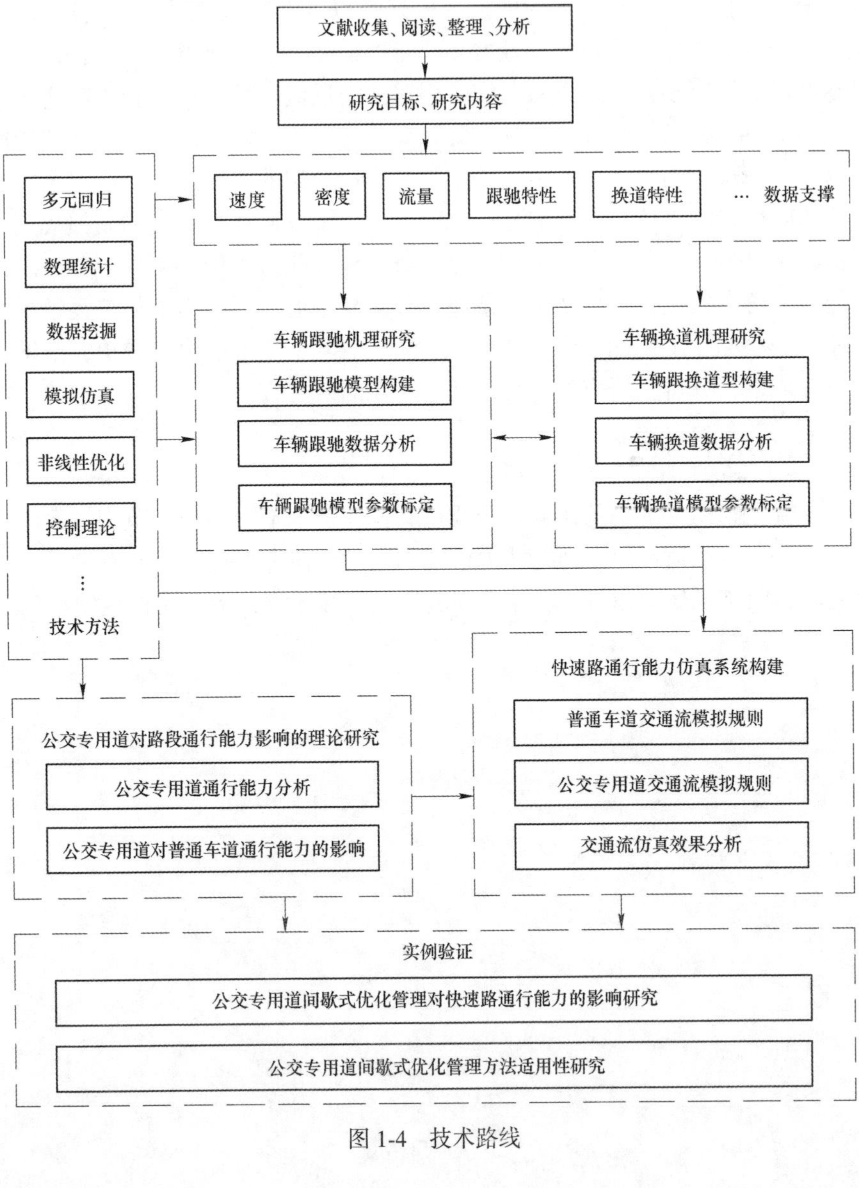

图 1-4 技术路线

1.6 组织结构

全书分为 8 个章节。第 1 章分析了研究背景、研究动机、国内外研究现状、研究目标及主要研究内容、研究方法和技术路线等。第 2 章介绍了本书的交通流数据采集设备、数据采集地点、数据预处理方法，分析了快速路的交通流特性与通行能力之间的关系。第 3 章利用快速路交通流调查数据，研究了交通流状态对车辆跟驰行为的影响、车辆跟驰行为的时间延迟性、车辆跟驰的车头间距特性，构建了适合我国快速路交通流特性的车辆跟驰模型。第 4 章基于快速路交通流调查数据分析了我国快速路上车辆的换道偏好性以及车辆换道的可接受间隙模型，构建了适合我国快速路交通流特性的多车道换道模型。第 5 章分析了快速路设置公交专用道的研究动机，通过对公交专用道的交通流特性进行分析，确定了公交专用道的交通运行条件，并从理论上研究了公交专用道对路段通行能力的影响情况。第 6 章利用本书对于快速路车辆跟驰、换道模型的研究成果，设定了本书构建的快速路通行能力仿真模型的分析过程，构建了快速路交通流的模拟规则，并对其仿真结果与实际调查数据进行了分析对比。以此为基础，实现了公交专用道通行能力的仿真模拟，分析了不同条件下公交专用道通行能力值的波动情况。第 7 章利用实际案例对本书的研究成果进行验证。第 8 章为结论与展望，归纳了本书的研究成果，分析了研究的不足以及下一步的研究方向。

1.7 本章小结

本章首先阐述了本书的研究背景及意义，界定了本书的研究范围，系统深入地介绍了公交专用道和道路通行能力研究的国内外研究概况，分析总结了本书的研究内容，明确了研究目标，介绍了研究方法、技术路线和本书的组织结构。

2　快速路交通流数据采集与分析

对路段交通流基本特性数据的分析是研究快速路通行能力变化机理的基础和前提。为了获得我国快速路上的交通流状态的时空特性数据，本章首先对现有的主流交通流数据采集方法进行了对比，结合本书的研究目标，设计了一种实用而有效的交通流数据采集方法。其次，根据交通流数据采集设备自身特性，制定了数据采集的方案。根据采集的交通流数据特性，选择了合适的方法对原始数据进行了清洗。最后分析了快速路的交通流特性及其对路段通行能力的影响。

2.1　交通流数据采集方法对比

所谓的交通流数据就是可以用来描述道路交通流特性的一些参数的测量值。交通流数据的收集和预测是道路交通规划和管理的基本需求，这些需求贯穿于整个路网的规划、设计、维护、统计、安全与控制过程。特别是随着城市社会经济的发展，不断涌现的交通问题的分析、改善、评价对交通流数据的精确性、可靠性、时效性等提出了越来越高的要求。在微观层面上，个体的出行行为的动态随机性会导致微观交通流的状态分布是随机的。但是在统计的意义上，它服从了一定的明确和清晰的状态分类，因而这些交通流宏观特性是可以分类和分析的。因此，交通流数据的收集实际上是一种统计上的方法论。近年来，得益于智能交通系统的快速发展，交通流数据的采集方法已经得到了大力的发展，从简单到复杂，从单一到多维，由稳态到动态时变，形式多样种类繁多。然而如何针对不同的数据分析要求，选择合适的交通流数据采集方法却已成为新的难题。根据交通流数据的采集范围可以将交通流数据采集分为：区域交通流数据采集（宏观交通流）、路段交通流数据采集（中观交通流）、地点交通流数据采集（微观交通流）三个大类。

区域交通流数据的采集一般通过浮动车（FCD）的方法来获取。所谓的浮动车方法一般是指通过装有 GPS 设备的车辆在区域范围内行驶时反馈的实时位置信息来获取区域范围内路网的交通流数据的方法。与传统的在区域范围内大量布设传感器来收集交通流数据的方法相比，浮动车方法不仅仅具有更低的使用费用和维护费用，而且还能反馈更丰富的实时数据，覆盖范围更大，数据处理难度更小，从而具有更高的成本效益。除了利用 GPS 设备来定位之外，目前还可以通过电子标签、车载电话或者手机信号来获取不同类型车辆的位置信息，从而能够获得更丰富的交通流数据。虽然浮动车方法已经不再是一种新颖的交通流数据采集方法，但是浮动车方法收集交通流数据是目前可以大范围快速获得区域交通流数据的主要方法。这不仅仅改进了交通管理与控制的方式，而且能满足越来越多的出行者对实时交通信息的需求。

路段（一般指超过500m的长路段）交通流数据主要通过高分辨率的航拍照片来获取。主要利用对观测路段的连续照相，通过统计照片上的车辆数的变化来分析道路上交通流的变化特征。这也是获取路段交通流数据的最常见也最有效的方法。然而考虑到航拍胶片受天气的影响较大，航拍调查的成本较高，也有研究者提出了沿路段密集布设地点交通流数据采集设施，从而计算路段交通特性数据的方法。

相较于区域交通流数据和路段交通流数据的采集方法，地点交通流数据的采集方法是发展最迅速种类最繁多的。一般情况下，根据地点交通流数据采集设施的布置方法可以将其分为介入式数据采集技术和非介入式数据采集技术两类[118]。

（1）介入式数据采集技术是指将数据存储设备和检测器安装在路面或路中，来获取交通流数据的方法。这种设备可以被安装在道路上很多年，主要的介入式交通流检测器有气压管检测器、压电传感器、地磁映像检测器、环形线圈检测器等。

气压管检测器主要利用布设在道路横断面方向的橡皮管受到车辆轮胎挤压产生的空气脉冲数据来获取交通流数据。压电传感器利用沿道路横断面方向设置的检测器在车辆挤压作用下产生的机械能转换为一个微弱的电信号，检测设备可以通过电信号的变化情况来获取道路上的交通流数据。地磁映像检测器利用车辆切割埋在道路上的地磁映像检测器产生的磁通量时发生的电信号变化来获取道路上的交通流数据。环形线圈检测器则是最早用于收集交通流数据的几种检测器之一，也是目前全球范围内使用最广泛的集中检测器之一。其主要利用车辆通过或静止在感应线圈检测范围内引起的感应线圈电感量的变化来获取交通流数据。

（2）非介入式技术主要基于远程观测的方法，甚至包括了人工计数技术，是一种最广泛使用的方法。其他的技术包括：红外检测器、微波雷达检测器、超声波检测器、视频图像检测器、激光检测器等几种主要的类型。

人工计数技术是最传统的交通流参数调查方法。受过专业训练的交通调查人员等收集一些使用自动调查装备无法采集的交通流参数。人工统计方法的常用装备主要有交通调查表、机械计数板和电子计数板系统等。红外检测器主要通过对检测区域的红外辐射能量探测来获取道路交通流参数。微波雷达检测器则利用微波雷达信号遇到移动物体后反射产生的多普勒效应来检测微波雷达投影区内所有车辆的运动情况。超声波检测器主要通过测量发射声波来返回的时间来检测交通流参数。视频图像检测器利用视频图像识别和计算机视觉处理技术对摄像机录制的车辆运行情况进行检测分析，从而获取道路交通流参数。激光检测器通过检测激光光束的发射情况来获取道路交通流数据。当车辆从检测单元下方通过时，通过计算激光返回的时间来感知车辆的运行状况以及车辆纵向轮廓，可根据车辆的外形轮廓对检测的车辆进行分型。

几种主要检测器的对比分析如表 2-1 所示。

表 2-1 几种主要类型检测器的对比分析

检测技术	优 势	劣 势
浮动车（FCD）法	数据量丰富； 可靠性和实时性	检测成本较高； 需要进行大规模计算
航拍技术	数据精度高	检测成本较高
气压管检测器	设置方便； 成本较低	调查车道数有限制； 受温度等环境的影响较大； 低速车流的检测效果不理想
压电传感器	受环境影响较小； 稳定性好	只能检测动态的应力； 受交通流状态的影响较大
地磁映像检测器	技术成熟应用性广； 检测精度较高； 受环境影响较小	需要切割路面； 容易被重型车辆破坏； 检测精度会受车辆组成类型的影响
环形线圈检测器	受环境影响较小； 对路面的破损范围较小； 受交通量的影响较小	需要切割路面； 低速车辆的检测精度偏低； 不能检测静止的车辆
人工计数技术	可调查各种交通参数	成本高，受环境影响较大； 不便于长时间连续调查
红外检测器	同时检测多个车道车速	受可见度、雨雪环境的影响较大； 设备维护频率较高
微波雷达检测器	受环境影响较小； 具有区域检测功能； 可同时检测多个车道	低速车辆的检测精度不高； 无法检测停止的车辆； 对地形要求较高
超声波检测器	可同时检测多个车道； 能检测超高的车辆	受温度、气压影响较大； 受车速变化的影响较大
视频图像检测器	可同时检测多车道； 可灵活设置检测区； 调查数据比较丰富	受雨雾雪等环境影响较大； 设施维护频率较高； 对外界光源的要求较高
激光检测器	通过多个光束精确测量车辆的位置速度和种类； 可同时检测多个车道	能见度低于 6m 时检测精度受影响较大（如大雾、雨雪等天气）； 需要对镜头进行定期清洗

2.2　本书的交通流数据采集方法

本书研究的是快速路公交专用道采用间歇式优化管理方法前后路段通行能力的变化情况，要完成这个研究目标，对获取数据的调查要求的理解是非常重要的，因为这将决定数据的质量，是本书的研究基础。

（1）交通流量的调查要求：需要了解不同类型的车辆在不同条件下的车道选择偏好性情况，需要了解快速路路段上不同车道交通流量的分布情况。因此，对交通流量参数进行调查时需要获取的参数是不同车道上、不同车型的交通流量分布情况。

（2）车辆速度的调查要求：需要调查不同交通流量情况下，快速路上不同类型车辆在不同车道上的车速变化情况。

（3）不同车辆驾驶行为的调查要求：需要获取快速路上不同车道、不同类型车辆在不同交通流状态下的跟驰、换道情况，以及不同驾驶行为选择时面对的不同车道上的交通流密度、车头间距、速度及加速度等参数。

从交通流特性的调查要求来看，要完成本书的研究目标需要有这样的一种设备，能够获取一段路段上交通流参数的时空变化规律，来了解路段上不同车道的混合交通流在不同交通状态（畅通、拥挤或者所谓的自由流、协同流、拥塞流等三相交通流）下的相互转化机理。获取不同交通流状态下，每一辆车随时间的增加而呈现的空间位置的改变规律。那么我们就可以获取，不同状态下车辆的空间平均车速变化规律、不同车辆间的车头时距在不同交通流状态下的变化规律、不同车辆在不同情况下的换道规律、不同车辆在不同状态下路段不同车道上的分布规律。这样我们就能够获取不同状态下的混合交通流特性，为我们构建仿真模型提供数据支持。

车辆跟车调查会在拥挤状况下对实际交通流产生扰动，干扰调查数据的精确性。获取这种数据的最好办法是选择一个合适的路段通过长时间的连续航拍数据来获取路段上不同车道交通流特性的变化情况。然而在实际情况下，我们无法长时间连续地使用航拍的方法来获取路段的交通流特性数据。因此，如何选择一种替代的方法是本书的研究难点。

现有的交通流数据获取设备要么仅能从微观层面，获取某个地点的瞬时数据（瞬时速度，某个点的流量统计）。要么就是在宏观层面，仅能获取区间一段时间上的平均数据（时间平均车速，平均流量）。很难在一段空间距离内获取交通参数随时间变化的规律，也就是所谓的交通流参数的时空变化规律。因为现有的交通流参数获取方法存在缺陷，就导致在推导交通流参数模型时需要有这样或者那样的假设。在这些不同的假设条件下就推导出了不同类型的交通流模型，这也是现在所谓的交通流宏观和微观模型存在的原因。

到目前为止，还没有一种地点调查设备能获取完整的路段流量特性数据。虽然微波雷达检测器可以在一定程度上对于车辆的行驶轨迹进行追踪，但是在实际使用情况中发现，检测数据中存在一定的车辆丢失现象。也就是说，微波雷达检测器无法追踪路段上所有的车辆，而且微波雷达检测器对于拥挤情况下低速车辆特别是速度接近于零的车流的丢失比例越来越高。因此就需要一种检测器来矫正路段上不同车道的流量数据。通过对现有交通流数据采集设备的对比发现，能同时对路段上不同车道上交通流量进行统计的设备，且检测精度高、受外界环境影响小、设置方便的调查设备有路侧激光检测器和视频检测器两个类别。在实际使用过程中，视频检测器的调查时间受摄像机的时间限制，连续调查能力有限，因此我们选择能接受外接电源供电的路侧激光检测器调查路段上不同车道上分车型的流量分布数据。这样在数据分析时，就能判断这辆车的时空变化规律涉及哪几条车道，就能把交通流的宏观和微观特性结合起来考虑，构造的车辆跟驰或交通流模型必然是最新的模型。因此，最终本书的交通流数据调查采用路侧激光与微波雷达检测器相互结合的方式。

路侧激光检测器选择的是 AxleLight RLU11 路侧激光采集单元，此检测器采用两个激光传感器提供信号，由一个锂电池提供电源，内置电池可保证至少 8h 的连续数据采集。在实际调查的过程中，为了保证调查时间的连续性，为此检测器配置了太阳能外接电源实现连续供电。AxleLight RLU11 路侧激光检测器利用两个激光传感器进行数据采集，检测器采集的数据存储于内置的 1GB 存储单元中，数据采集结束后可通过 RS232 通信接口下载到电脑。检测器内置 14 种车辆分型方案，可以检测车辆的到达时间、行驶方向、所在车道、车速、车型、车头时距、车头间距等数据。AxleLight RLU11 路侧激光采集单元对道路交通流的检测情况如图 2-1 所示。

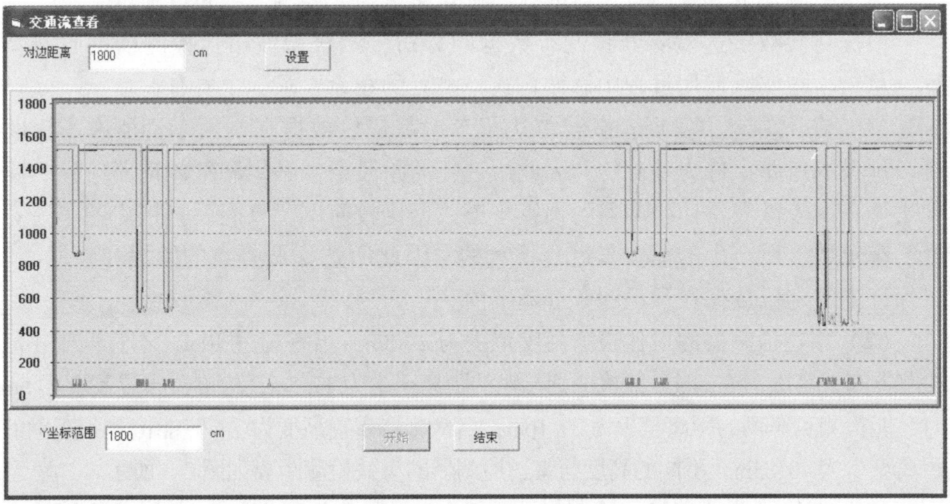

图 2-1 AxleLight RLU11 对交通流的检测情况

微波雷达检测器选择的是 SMARTMICRO 公司的 Patch Antenna type29 型雷达，最大的跟踪距离为小轿车 160m，货车 240m，最佳检测俯仰角为±4°，最大检测平面角为±18°。此雷达的检测区域如图 2-2 所示。

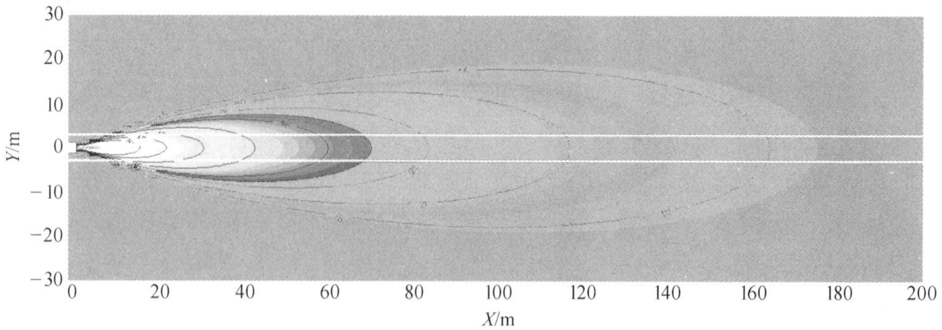

图 2-2　雷达的检测区域示意图

2.3　调查方案的制定与实施

2.3.1　调查地点

本书的研究对象是快速路的路段交通流数据，因此必须选择无其他交通流干扰（行人、非机动车等）的快速路基本路段进行调查。除此之外不同的检测器适用的检测地点是不一样的，因此必须为不同的检测器设置合适的调查地点。由于路侧激光检测器的调查数据是作为微波雷达检测器调查数据的校核和补充，因此对于调查地点的选择以满足微波雷达检测器的检测要求为主。也就是说确定了微波雷达检测器的调查地点相应的就能确定路侧激光检测器的布设地点。

根据对微波雷达检测器预调查数据的分析，结合微波雷达检测器的自身特征，总结了在实际使用过程中微波雷达检测器的布设要求，主要有：

（1）在预调查中发现，微波雷达行车追踪定位数据在判断车辆所在车道时是以预设的道路条件为基础的，因此所选择的路段条件必须和整体道路一致。除此之外，由于微波雷达检测器的预设车道数据比较简单，只能设置粗略的车道宽度、车道数，所产生的模拟车道是平直的，因此所选择调查点的路段尽量平直，以保证追踪定位数据在预设的车道范围内。

（2）雷达检测器的最佳检测高度范围为 2~8m，不宜超过 10m，不宜低于 1m。检测器布置高度为 3m 时，能检测到车辆的距离至少为 17.5m；检测器布置高度为 5m 时，能检测到车辆的距离至少为 29.16m；当检测器布置高度为 7m 时能检测到车辆的距离至少为 40.83m。不同的高度与雷达检测器的有效检测距离如图 2-3 所示。

（3）雷达检测器的最佳检测平面角为±6°，且应选择与行车方向夹角尽量小

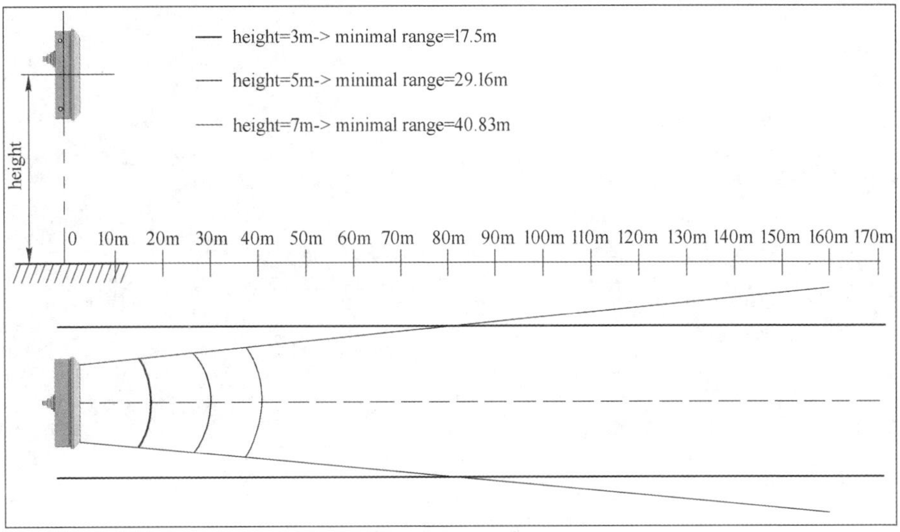

图 2-3 不同设置高度对应的检测范围

的地方。为了保证调查数据的精确性，建议将微波雷达检测器布设在与行车方向平行的位置。

综合上述要求，对于微波雷达检测器的设置位置最好选择在具有天桥的快速路路段。通过对目前南京主城区快速路网系统的调查分析，综合考虑调查的便利性条件，选择玄武大道作为本书的研究对象。玄武大道位于南京市玄武区，衔接新庄立交与绕城公路，全长约 7.12km，是衔接南京主城与仙林快速路系统的重要组成部分。通过设置跨线桥和人行天桥的方式，实现全程封闭，最大程度降低了横向交通流的干扰。目前玄武大道全线在樱铁村和东方城设置了两座人行天桥。在实际勘察的过程中发现，樱铁村人行天桥为钢桁架结构，这种钢桁架结构之间预留的空隙较小，会遮挡微波雷达检测器发出的微波波束，对微波雷达的检测效果影响较大。而玄武大道东方城附近的天桥采用独塔双索面斜拉结构的形式，桥面净空面积较大，满足微波雷达检测器的布设要求。因此，本书选择玄武大道东方城人行天桥作为调查地点，调查地点现状如图 2-4 所示。

2.3.2 调查时间

在试调查中发现，作为衔接仙林和主城区的快速路，玄武大道上的交通流在工作日和非工作日的差别较大。为了最大程度分析快速路上交通流运行的时空变化情况，本次调查选择的调查时间范围为 7：00~19：00，调查时间为工作日。由于雷达检测器和路侧激光检测器的内置电源无法支持 12h 的连续调查，且检测地点在野外，不具备供电条件，为了保证调查时间的连续性，本次调查选择了太阳能蓄电池作为外接电源用于检测器供电，这就要求调查必须在晴天进行。最终确定的调查时

图 2-4　微波雷达检测器布设地点选择

段为 2014 年 5 月 15 日至 2014 年 8 月 15 日中天气状况良好的工作日。

2.3.3　仪器设置

对路侧激光检测器而言，其调查数据是作为微波雷达检测器调查数据的补充和完善，因此其调查地点必须在微波雷达检测器的有效调查范围内。在试调查的过程中发现，玄武大道在此路段西向东方向四车道，由东向西方向五车道的横断面形式，由东向西方向比较畅通很少出现交通拥堵现象，而由西向东则会出现明显的交通拥堵现象。因此，本书选择的调查方向为玄武大道由西向东方向。除此之外，为了降低检测器的布置对道路交通流的影响，应将检测器布置在路侧机非隔离带开口处。综合以上条件将路侧激光检测器布置在玄武大道东方城人行天桥东侧约 110m 处，安置示意图如图 2-5 和图 2-6 所示。

图 2-5　微波雷达检测器布设示意图

图 2-6　路侧激光检测器布设示意图

最终两个检测器的布设位置以及两个检测器的交通流数据检测范围之间的相互关系如图 2-7 所示。

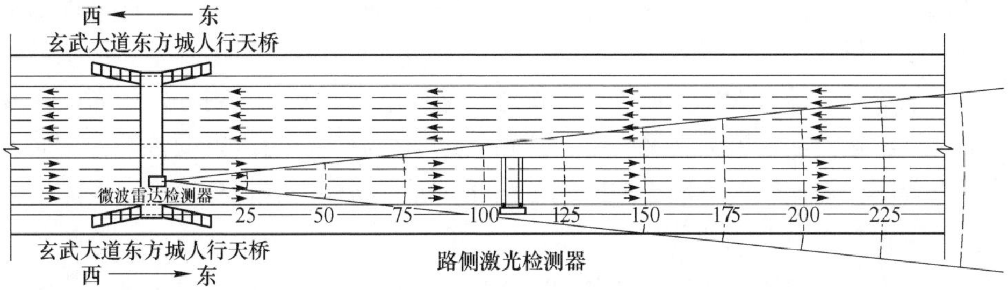

图 2-7 检测器的平面布局示意图（单位：米）

2.4 调查数据清洗

所谓的数据清洗是指使用某种方法对调查的数据进行判断，以去除调查数据中因为各种原因引起的在测量时序上与绝大多数正常数据存在明显统计差异的异常数据的过程。在数据调查过程中出现异常数据的原因有很多，然而不管是因为客观的调查设计、调查技术、调查设备自身缺陷，还是主观的人为因素造成的描述数据范围之外的异常观察值，都会对数据分析的可靠性产生很大的影响，甚至会得到截然相反的分析结果。因此，对调查数据的清洗是所有数据分析工作的基础和前提。

通过对调查数据的初步分析，结合数据调查的过程发现，本书设计的调查数据异常值的来源主要有三个方面：

(1) 路侧激光受到临近道路上特大（重）型车辆驶过时产生的震动带来的激光束波动造成的少量异常数据；

(2) 道路上偶尔出现的因为司机接听电话、寻路等异常驾驶行为造成的微量异常检测数据；

(3) 接近拥堵过程中，交通流出现同步交通流且前后车辆车头间距满足车辆分型条件造成的少量车辆分型数据误差。

对于原因 (1) 和原因 (2) 造成的异常数据可以通过数据的统计差异性进行处理，对于原因 (3) 造成的异常数据则需要通过软件的车辆分型方法结合调查过程进行处理。因此对于调查数据的处理分为以下两个部分来完成。

2.4.1 基于车辆分型的数据清洗

由于汽车生产种类的多样化，根据车型划分指标的不同，可以将车辆归为不同的类型。目前划分车型的主要依据有：性能指标、质量标准、载运能力标准、车型尺寸标准、汽车排量标准、耗能类别标准等六类[119]。采用不同的车型划分标准，将产生不同的交通流组成从而具有不同的交通流运行特征。从车辆换算系数的定义可以看出，对车辆换算系数的研究，主要是分析不同类型的车辆组成的交通流运行特征与标准车组成的交通流运行特征之间的等价关系。因此，理论上来讲，在分析车辆换算系数时，应对车辆在不同交通流状态下的轴距、形状、加减速性能等进行综合考虑，而不应仅仅通过某种单一要素进行划分。然而，在实际情况下，进行交通流数据采集时，特别是选择交通流自动采集设备进行交通流数据采集时，对车辆的不同类型的划分往往只能根据检测器自身的检测性能选择某一关键指标进行车辆的分型。

在本书的研究中，我们选择路侧激光检测器作为获取路段交通流特性数据主要工具，因此，在本节我们着重考虑路侧激光检测器对快速路车型的分类选择。根据路侧激光 AxleLight 的车辆分型方案，其通过检测车辆的车轴数和轴距将车辆分为 13 种类型，如表 2-2 所示。

表 2-2　AxleLight 路侧激光车辆分型明细

序号	车型	车轴数	轴组数	分型参数
1	自行车类	2	1	轴距小于 1.15m
2	摩托车类	2	1	轴距 1.15~1.7m
3	小轿车类	2	1	轴距 1.7~3.2m
4	旅行车类	3~5	3	第一轴组轴距≥2.1m 第二轴组轴距≤3.2m 第三轴组轴距≥2.1m
5	两轴客货车	2	1	轴距大于 3.2m
6	三轴客货车	3	2	轴数为 3，轴组为 2
7	四轴客货车	4	2	轴数为 4，轴组为 2
8	三轴半挂车	3	3	第一组轴距大于 3.2m，轴数为 3，轴组为 3
9	四轴半挂车	4	>2	第一组轴距大于 3.2m，轴数为 4，轴组>2
10	五轴半挂车	5	>2	第一组轴距大于 3.2m，轴数为 5，轴组>2
11	六轴半挂车	6	>2	轴数为 6，轴组>2
12	大型卡车	>6	4	轴数大于 6，轴组为 4
13	特大型卡车	>6	≥5	轴数为 6，轴组≥5

以 2014 年 7 月 7 日 7：00 至 11：00 的调查数据为例，没有经过清洗的各类车辆总数为 11373 辆，其中小轿车 8795 辆，占调查车辆总数的 77.33%，两轴客货车类型的车辆数为 2431 辆，占调查车辆总数的 21.38%。其他类型的车辆数为 147 辆，占调查车辆总数的 1.29%，其中：三轴客货车的车辆数为 52 辆，占调查车辆总数的 0.46%；四轴客货车 22 辆，占调查车辆总数的 0.19%；三轴半挂

车的车辆数为 34 辆，占调查车辆总数的 0.30%；四轴半挂车的车辆数为 39 辆，占调查车辆总数的 0.34%。各类车型的调查数据分布如图 2-8 所示。

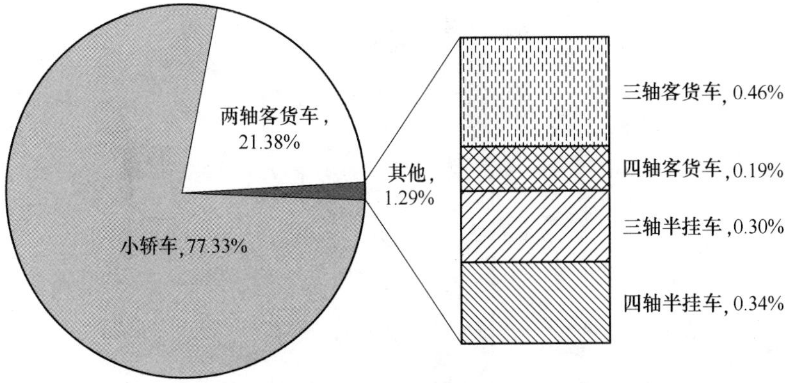

图 2-8 不同车型分布比例

从图 2-8 可以看出，组成玄武大道快速路交通流的车辆主要为小轿车和两轴客货车，其他车型如三轴客货车、四轴客货车、三轴半挂车、四轴半挂车四种车型只占了调查数据的 1.29%。由于玄武大道为衔接南京主城区和仙林板块的快速通道，随着仙林板块开发强度的不断增加，玄武大道上的交通流量也随着快速增长，为了缓解玄武大道上的交通压力，南京交通管理局对玄武大道实施了“禁货”的交通管理策略，玄武大道每日的禁止货车通行时间为 7：00~20：00。因此，我们可以认为，在实际的调查过程中，通过路侧激光检测器获取的三轴半挂车和四轴半挂车数据为检测器测量的错误数据，应进行清洗，而其他调查出来的客货车数据应该统称为客车。除此之外，在实际调查中发现，两轴客车以公交车为主，三轴和四轴客车以进出南京的长途客车为主。通过对两轴客货车、三轴客车和四轴客车这三类车型的功能设计看，这三类车辆的驾驶性能均类似，可以归为统一类型，在本书中统称为“公交车”类型。清洗后共有调查车辆数据 11278 辆，清洗数据 95 个，占调查数据总车辆数的 0.84%，清洗后车辆类型共有两类，小轿车数量不变还是 8795 辆，占调查数据总车辆数的 78%，公交车数据调整为 2483 辆，占总调查车辆数的 22%。根据车型进行初步清洗后的车型分为小轿车与公交车两类，最终得到的车型比例数据如图 2-9 所示。

在本书后续的研究中，为了研究的便利，对于交通流量的统计分析时，公交车均转换为标准小轿车数据。参照 HCM2010、孙山、曲大义等现有研究成果的推荐指标[119,120]，将公交与小轿车的车辆换算系数设为 2：1，在后续研究中将不再重述。

2.4.2 基于统计差异性的数据清洗

根据测量数据的参数数量的多少可以将其分为单参数类型和多参数类型，另

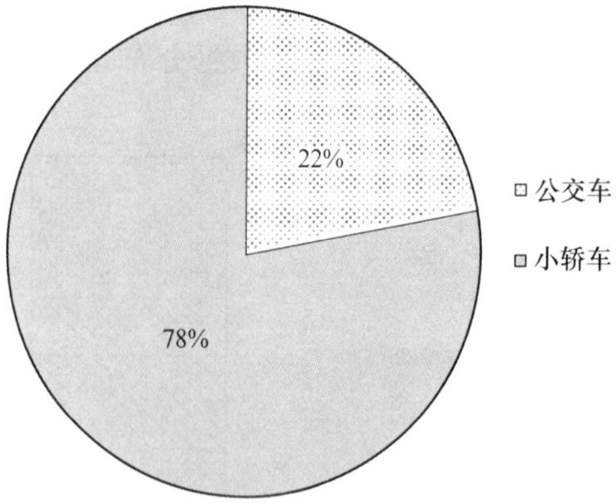

图 2-9　根据车型清洗后的车型分布比例

一种数据清洗的数据分类方法则为基于参数（统计）的清洗方法和非参数的数据清洗方法两类。基于统计参数的分析方法假设调查的数据服从某种分布，或者至少基于未知参数的统计分布。很显然，这种方法不适合用来处理高维数据集以及没有前期分布经验的调查数据。基于非参数的数据清洗方法称为数据挖掘的方法，包括了数据聚类、数据关联性分析、数据分类等方法。因此，要选择合适的数据清洗方法，必须要分析测量数据自身的统计特性，这就依赖于统计数据的统计量，在本书中也就是调查数据的统计间隔。

从现有的研究成果看，对交通流调查数据的统计间隔有 1min、2min、5min 和 15min 等多种形式。一般意义上讲，流量的统计间隔越短，流量大小的波动越明显，因而选择合适的交通流参数统计间隔不仅仅与交通流检测器的性能有关，还取决于不同的研究对象和研究目标。虽然 15min 的统计间隔被认为具有较佳的统计稳定性，但是在实际调查中发现某些交通流状态变化的持续时间往往达不到 15min。因此选择 15min 作为交通流参数的统计分析间隔很可能会掩盖交通流状态的某些突变性能。为了很好地描述不同交通流状态下的不同车道上的流量分布情况，与其他的研究成果进行有效对比，本书选择以 1min 作为交通流参数的统计分析间隔。

对于 1min 的交通流参数统计分析间隔，以 2014 年 7 月 7 日 8：00 至 9：00 的调查数据为例，其每分钟的调查数据波动情况如图 2-10 所示。

由图 2-10 可以知道，在确定的统计时段内，车辆的统计数据相对较少，公交车的统计量平均值为 15 辆，小轿车的统计量平均值为 43. 5 辆。对于此类数据如果选择非参数的数据清洗方法如数据聚类、数据关联性分析、数据分类等，可能因为单一统计间隔的统计量过少而产生与事实不符的分析结果。因此，在本书中选择基于描述统计的切比雪夫法则选择统计值的 3 个标准差范围：$\mu \pm 3\sigma$ 作为数据清洗的依据。以 2014 年 7 月 7 日 8：00 至 8：10 的调查数据为例，数据清洗

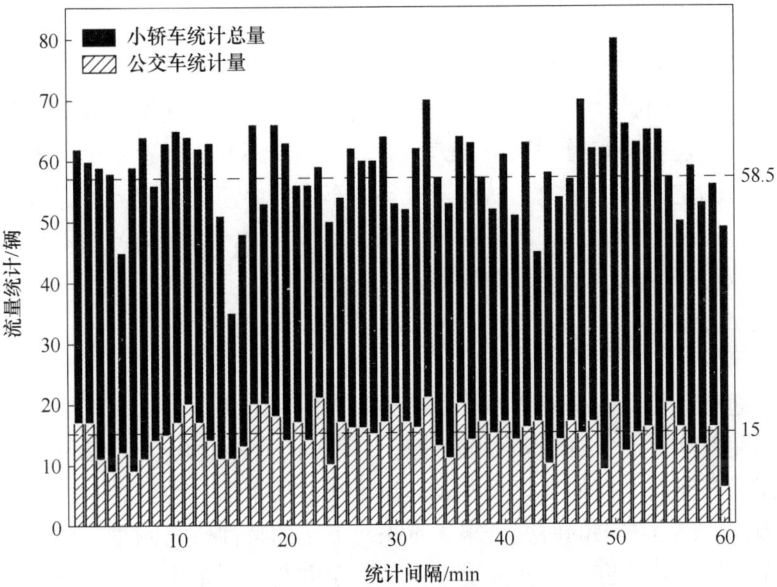

图 2-10　流量统计波动示意图

的箱形图如图 2-11 所示。

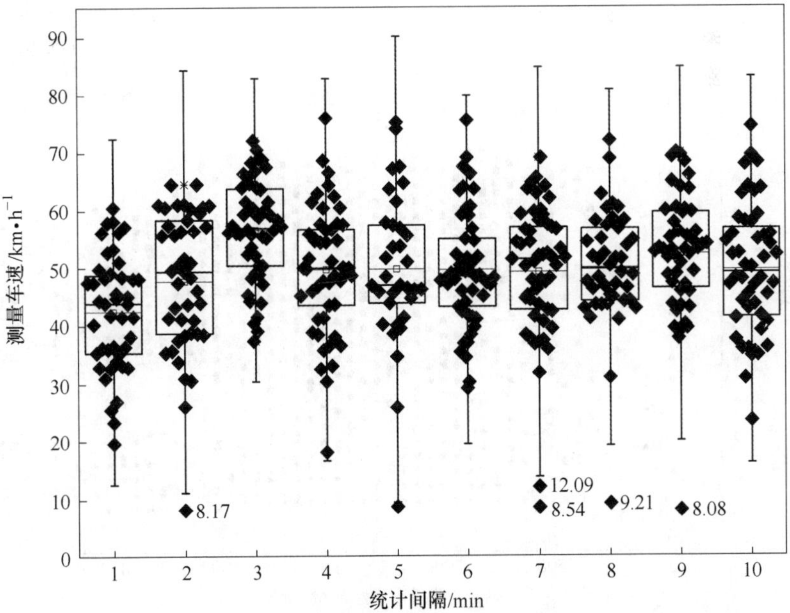

图 2-11　车速波动示意图

2.5　调查数据分析

对路段交通流数据基本特性的分析是研究和获取影响快速路路段通行能力变化机理的基础和前提。一方面，不同类型交通流在路段不同车道分布的动态自组织平衡，会影响不同车道的通行能力。另一方面，不同车道速度的离散差异性则会影响车道的空间平均车速，从而造成不同车道临界速度的差异性，导致路段通行能力与车道通行能力之和的不统一。因此路段交通流特性的分析对研究快速路路段通行能力的变化机理是至关重要的。

2.5.1　流量的车道分布不均匀性分析

对交通流量特性的研究成果已经有很多，然而绝大多数的研究主要集中在流量的时间变化规律上，如：流量的时变、日变化、月变化、年变化规律等。相反，对流量在空间上面的变化规律也即流量在不同车道上的分布特性的研究相对较少。因此，结合本书的研究需求，本书对流量的特性研究侧重于对流量在车道上的分布特性进行研究。玄武大道上由西向东方向不同车道的流量分布情况如图 2-12 所示。图中横坐标为路段总流量，纵坐标为每个车道流量占路段流量的比例。

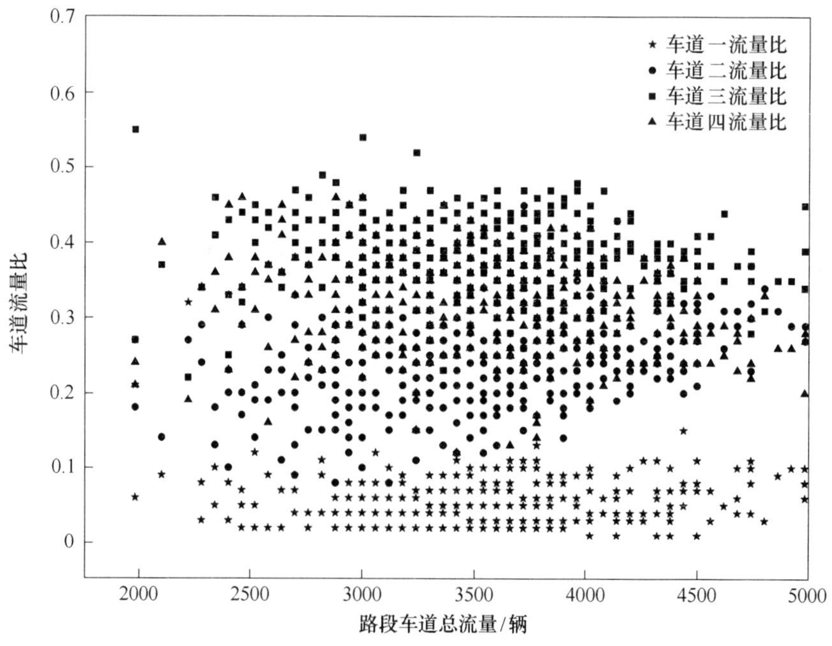

图 2-12　路段不同车道流量分布图

由图 2-12 可以看出，驾驶员在同一路段选择车道时具有明显的偏好性。直观上可以看出，在路段流量比较小的时候车辆更趋向于选择车道三和车道二，随着路段流量的增加，选择车道四与车道一行驶的车辆开始增多。然而，相较于车道一，驾驶员更愿意选择车道四通行。将车道流量比与路段车道总流量以线性函数的形式拟合，如公式（2-1）所示，可得到最终的拟合曲线图如图 2-13 所示。

$$p_i = a + b \times Q_L \tag{2-1}$$

式中，a 为固定截距常数；b 为线性斜率；均为待定的拟合参数。

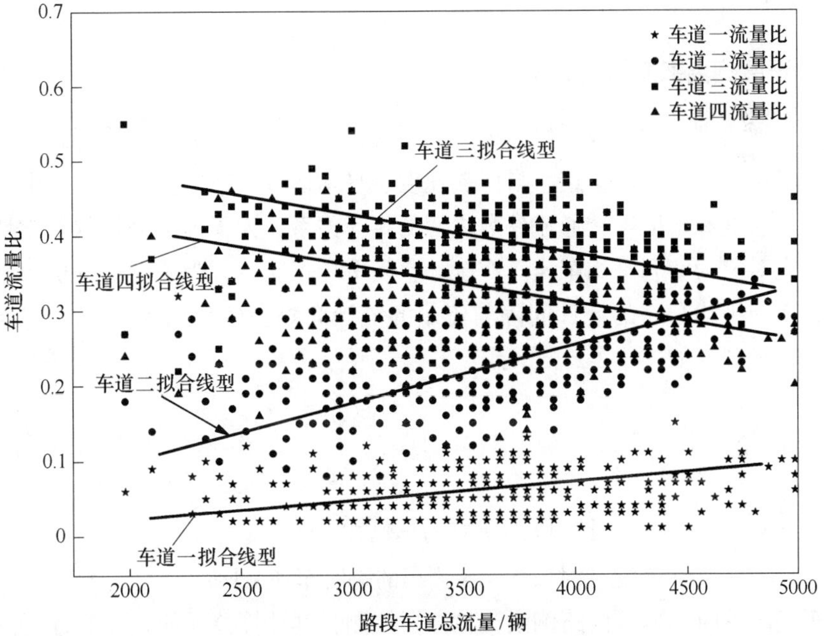

图 2-13 路段流量与车道流量比拟合曲线图

不同车道拟合曲线的拟合参数如表 2-3 所示。

表 2-3 路段流量与车道流量比线性拟合参数表

车道	a	b	R
车道一	0.00519	1.37132×10^{-5}	0.62
车道二	0.10837	3.80439×10^{-5}	0.87
车道三	0.47935	-2.63954×10^{-5}	0.75
车道四	0.4087	-2.55502×10^{-5}	0.69

由图 2-13 和表 2-3 的线性拟合曲线可以看出，一般情况下，随着路段流量的增加，车道一与车道二的流量会不断增加，车道三与车道四的流量会不断减少。

对于不同车道交通流量的变化率而言，车道一流量的变化率为最低，车道二流量的变化率最高，车道一流量的变化率仅为车道二流量变化率的36%。在实际的路段流量调查中发现，不同车道流量增长率的变化对路段通行能力的影响在于，随着路段流量的增加，某一车道（以第二车道第三车道最为多见）会首先出现拥挤现象，随着路段交通流量的增加这种拥挤现象会迅速地扩散到全横断面车道，此时虽然其他车道的交通流量不是很大，但是路段的平均车速会迅速降低从而使整个路段出现交通拥堵现象。也就是说，因为路段流量分布的不均匀性，在路段饱和度很低时也有可能发生交通拥堵现象。这也是路段通行能力不能得到充分利用的主要原因之一。

2.5.2　速度的离散差异性分析

在交通流理论中，根据研究内容的不同，速度可以分为：平均行程车速、空间平均车速、时间平均车速、自由流速度、平均运行车速等类型。本章中主要研究流量、速度和密度等交通流参数之间的相互关系，为了提高分析的有效性，选择的研究对象为空间平均车速。在统计空间平均车速时，为了保证分析数据的一致性，空间平均车速的统计间隔与流量的统计间隔一致，均为1min。空间平均车速的计算公式如式（2-2）所示：

$$V_s = \frac{1}{\frac{1}{\Delta N}\sum_{i=1}^{\Delta N} v_i} \tag{2-2}$$

式中　ΔN——1min统计时段内所有的车辆数，辆；

v_i——1min统计时段内第 i 辆车的瞬时车速，km/h。

车辆的瞬时车速可由路侧激光检测器检测，其计算公式如式（2-3）所示：

$$v_i = \frac{d}{\Delta t_i} \tag{2-3}$$

式中，d 为路侧激光检测器AB两束激光的间距；Δt_i 为第 i 辆车前轴切割路侧激光检测器AB两束激光的时间间隔。

根据清洗后的速度数据，将玄武大道上由西向东方向不同车道、不同类型车辆的速度分为八类，不同类型速度的分布情况如图2-14所示。图中纵坐标为车辆的速度，单位为千米/小时；横坐标为车道分类和车辆的分类。

由图2-14可以看出，不仅不同车道上车辆的速度之间存在明显的差异性，同一车道上不同类型车辆的速度也存在差异性。因此，为了对不同类型的车速进行定量的对比分析，本书选择速度均值和速度标准差来分别分析不同车道和不同类型车辆的速度差异性情况，具体如式（2-4）所示：

$$
\begin{cases}
\mu(v_{ij}) = \dfrac{1}{n}\sum\limits_{k=1}^{n} v_{ijk} \\
\sigma(v_{ij}) = \sqrt{\dfrac{\sum\limits_{k=1}^{n}(v_{ijk} - \mu(v_{ij}))^2}{n-1}}
\end{cases}
\tag{2-4}
$$

式中，$\mu(\cdot)$ 为不同类型速度均值的计算公式；$\sigma(\cdot)$ 为不同类型速度标准差的计算公式；i 为车辆的类型，因为本书中检测数据清洗后车辆分为小轿车和公交车两种类型，所以 $i=1$，2，且当 $i=1$ 时为小轿车，$i=2$ 时为公交车；j 为车道数量，由于本章分析的数据采集于四车道道路，因此 $j=1$，2，3，4，其中 $j=1$ 代表车道一，其他均为类似含义。v_{ij} 为车道 j 上 i 类车的速度。不同类型速度的统计数据汇总于表 2-4 中。

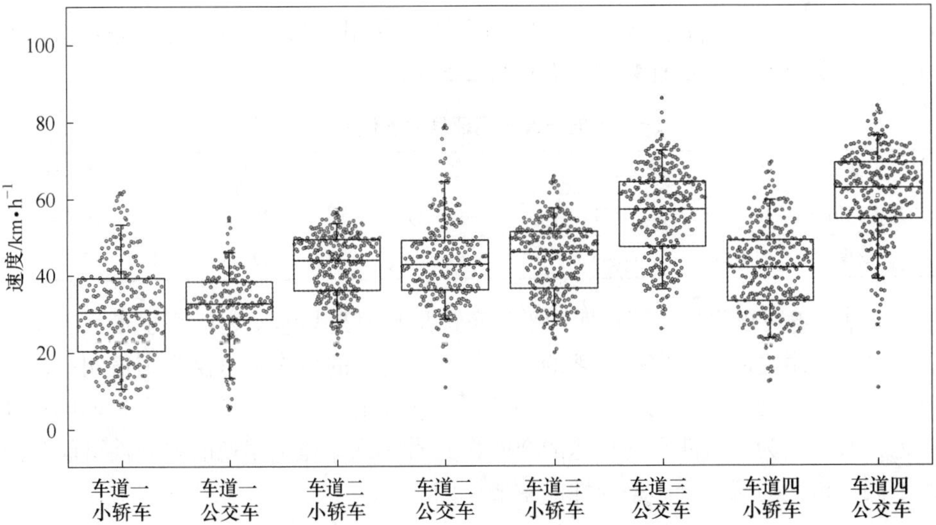

图 2-14 不同车道不同类型车辆的速度关系图

表 2-4 不同类型车辆速度的统计数据汇总表

统计指标	车道一		车道二		车道三		车道四	
	小轿车	公交车	小轿车	公交车	小轿车	公交车	小轿车	公交车
速度均值/km · h^{-1}	30.59	32.46	42.71	43.59	44.20	55.64	41.01	60.38
速度标准差	12.97	8.82	8.12	11.02	9.56	11.58	11.34	11.81

由表 2-4 可以看出，快速路上车速的统计出现了与一般城市道路上车辆速度统计数据截然不同的结果，此时可以看出，不同车道上小轿车的平均速度均小于公交车的平均速度，特别第四车道上的车辆，公交车的平均车速几乎达到小轿车

平均车速的 1.5 倍。除了第一车道上小轿车的速度的离散程度大于公交车之外，其他车道上小轿车速度的离散度均小于公交车。这种现象可能是由我国快速路的自身功能定位造成的。我国快速路一般是用来作为联通城市内部不同功能大区或者周转城市之间交通的快速通道，因此，快速路上会出现很多的长途班车或者快速公交，这种类型车辆的驾驶员的技能相对较高，他们更愿意采用高速行驶。除此之外，为了分析不同车道上车速的总体差异性，本章还对不同车道上所有车辆的车速数据进行了统计对比分析，如式（2-5）所示：

$$\begin{cases} \mu(v_j) = \dfrac{1}{n \times l}\sum_{j=1}^{l}\sum_{k=1}^{n} v_{ijk} \\ \sigma(v_j) = \sqrt{\dfrac{\sum_{j=1}^{l}\sum_{k=1}^{n}(v_{ijk} - \mu(v_j))^2}{n \times l - 1}} \end{cases} \tag{2-5}$$

式中，$\mu(\cdot)$、$\sigma(\cdot)$、i、j 等指标的含义均与上式相同；v_j 为车道 j 上的车辆瞬时速度。不同类型速度的统计数据汇总于表 2-5 中。

表 2-5　不同车道车辆速度的统计数据汇总表

统计指标	车道一	车道二	车道三	车道四
速度均值/$km \cdot h^{-1}$	31.37	43.11	49.92	50.53
速度标准差	11.45	9.55	12.06	15.08

由表 2-5 可以看出，车道四的平均车速最高但是其速度离散型也最大，车道一与其他车道之间速度存在显著的差异性。车道一的平均车速仅为车道四平均车速的 62%，车道二的平均车速为车道四平均车速的 85%，车道三与车道四的车速接近，其车速为车道四平均车速的 99%。这种不同车道上车速的差异性可能是导致不同车道交通流量分布差异性的主要原因。

2.5.3　密度-流量的车道分布平衡分析

车流密度在 HCM2010 中定义为某个特定时刻给定长度的车道（或路段）上的车辆数。同样密度也是瞬时的变量，为了能分析流量、速度与密度之间的关系，在本书中对密度的计算与速度一样，选择的是 1min 统计间隔内的平均值，单位为（辆/千米）。直接检测车流密度是非常困难的，需要通过航拍的方式来获取。为了分析的方便，本书中车流密度通过经典的交通流理论中微观交通流参数之间的关系来获取，其计算公式如式（2-6）所示。

$$K = \frac{Q}{v_s} \tag{2-6}$$

式中，K 为交通流密度，计量单位为辆/(千米 · 车道)；Q 为道路交通流量，计量单位为辆/(小时·车道)；v_s 为车道上的空间平均车速，km/h，其计算公式与前面章节内容相同。

由公式中相关参数的定义可以看出，空间平均车速和密度考虑的是某一特定路段上交通流的特性运行指标，交通流量反映的则是道路上某一点交通流特性运行指标。

根据实际交通流调查数据，得到的不同车道的流量和密度关系图如图 2-15 所示。图中纵坐标为调查的交通流量值（辆/(小时·车道)），所有混合交通流均已转换成了标准车。横坐标为计算得到的路段交通流密度（辆/(千米·车道)）。图中纵向的黑色虚线为可以观测到的流量密度关系线中最大交通流量对应的最佳交通流密度。

根据交通流基本图的假设，将流量密度关系图根据最佳交通流密度线分为自由流枝和拥堵枝两个部分。在自由流枝部分，随着道路交通流密度的不断增加，交通流量也不断增加，当交通密度超过了自由流枝与拥堵枝的分界线时，随着道路交通流密度的增加，路段交通流量出现了下降的现象。

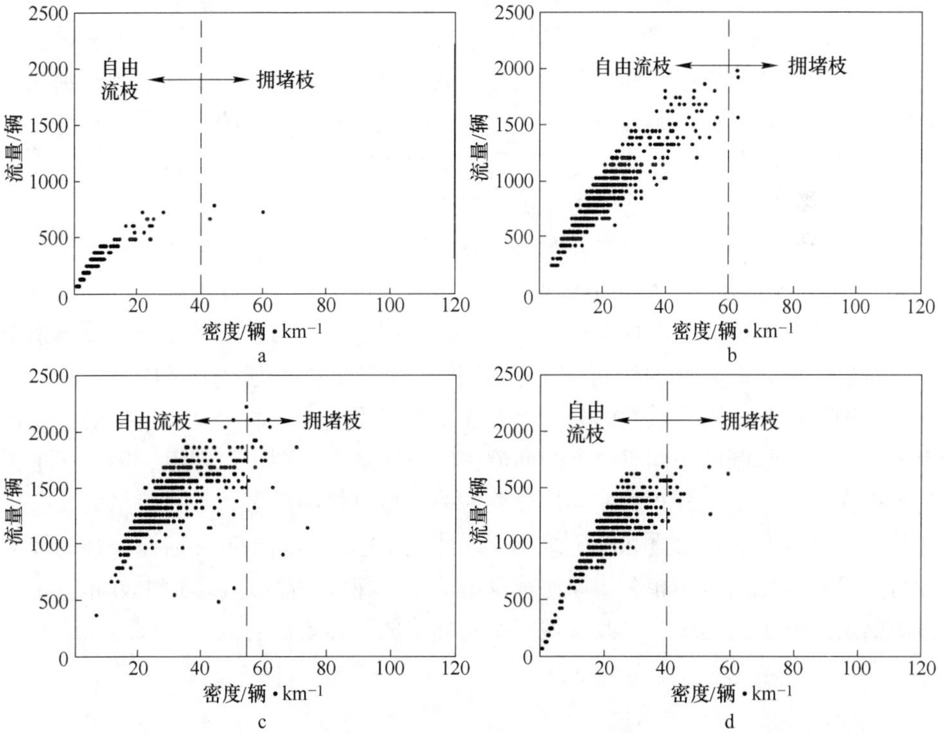

图 2-15 不同车道流量密度关系图

a—车道一流量密度（Q-K）关系图；b—车道二流量密度（Q-K）关系图；
c—车道三流量密度（Q-K）关系图；d—车道四流量密度（Q-K）关系图

由图 2-15 可以看出，不同车道的流量密度关系曲线同样存在明显的差异性。车道一的最佳交通流密度与车道四的最佳交通流密度基本相同，均为 40 辆/km，但是车道一的最佳交通流密度对应的最大交通流量仅为车道四最大交通流量的 50%。车道二与车道三最佳交通流密度对应的最大交通流量大小接近，但是车道二的最佳交通流密度大于车道三的最佳交通流密度，根据数据测算表明，车道二上自由流枝的空间平均车速只是车道三的空间平均车速的 88%左右。很显然，快速路上不同车道流量密度分布差异性导致的一个最直接后果就是路段最大交通流量与车道最大交通流量之和的不统一。

2.6　本章小结

为完成本书的研究目标，本章在分析对比现有的主要交通流数据采集方法的基础上，选择路侧激光与微波雷达检测器相互结合的方式作为获取快速路交通流数据的采集方法。根据检测器设置要求，结合南京市快速路布设情况，选择玄武大道作为本书的数据调查地点。通过对玄武大道上交通流运行状况的分析，最终确定的调查时间为 7：00～19：00，调查于 2014 年 5 月 15 日开始，至 2014 年 8 月 15 日结束。根据调查数据自身特性，本章分别基于车辆分型数据、流量波动数据以及速度波动数据对调查数据进行了数据清洗。以此为基础，本章分别从交通流在路段不同车道上的分布平衡、车速在路段上不同车道的差异性、密度在路段上不同车道的分布差异性三个方面研究了快速路交通流特性与路段通行能力之间的关系。研究结果表明驾驶员在进行车道选择时存在明显的偏好差异性，一般情况下，驾驶员会选择车道二和车道三行驶，随着路段交通流量的增加，车道四与车道一的交通流量才会逐渐增加。这种车道上流量分布差异性是导致在路段流量不大的情况下也可能出现交通拥堵的主要原因之一。结合车型分类以及车道数量，对速度分布差异性的分析结果表明不同车道上的平均车速存在显著的差异性，这种速度在不同车道上的分布差异性是造成不同车道通行能力折损的主要原因之一。根据绘制的不同车道上交通流密度与流量关系图可以知道，因为车道流量密度在不同车道上分布的差异性导致的一个最直接的后果就是路段最大交通流量与车道最大交通流量之和的不统一。因此，快速路不同车道交通流特性的差异性与路段通行能力密切相关，如何减少由流量、速度、密度在车道上分布差异性造成的通行能力的损失，是改善城市交通拥堵的必然要面对的一个难题。

3 快速路车辆跟驰模型研究

车辆的跟驰特性是指道路交通流中车辆跟随前车行驶过程中表现出来的种种特殊现象。由于车辆跟驰特性的研究是道路通行能力研究的基础和关键，所以本章首先对现有的车辆跟驰模型进行了分析总结，构建了一个适合我国交通流特性的车辆跟驰模型。其次，在对实际采集的快速路跟驰数据进行分析的基础上，将本书构建的车辆跟驰模型进行了参数标定。最后，利用实际的快速路交通流数据，对本书提出的车辆跟驰模型与 Edie 模型以及 Gazis 模型进行了对比分析。

3.1 车辆跟驰模型构建

自 20 世纪 50 年代出现了有关车辆跟驰特性的研究成果以来，对车辆跟驰相关内容的研究已经持续了半个多世纪。半个多世纪以来，大量的学者潜心于车辆跟驰特性的研究，对车辆跟驰有关理论的研究已经由简单到复杂，由线性到非线性。特别是近年来，随着智能交通系统以及车辆行驶安全决策系统、车辆防撞预警系统、车道偏离预警系统、车辆自动巡航系统等驾驶员辅助系统的快速发展，车辆跟驰理论又成为了研究的热点。虽然根据研究侧重点的不同，研究者们提出了很多的车辆跟驰模型，但是这些车辆跟驰模型所用的基本参数关系是一样的，如图 3-1 所示。

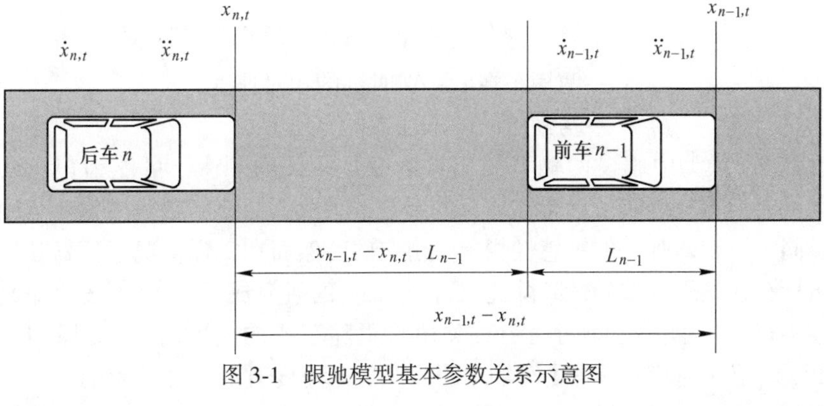

图 3-1 跟驰模型基本参数关系示意图

图中，$x_{n-1,t}$ 为第 $n-1$ 辆车（前车）在 t 时刻的位置；$x_{n,t}$ 为第 n 辆车（后车）在 t 时刻的位置；$\dot{x}_{n-1,t}$ 为第 $n-1$ 辆车在 t 时刻的速度；$\dot{x}_{n,t}$ 为第 n 辆车在 t 时刻的速度；L_{n-1} 为第 $n-1$ 辆车的车长；$x_{n-1,t}-x_{n,t}-L_{n-1}$ 为第 $n-1$ 辆车与第 n 辆车在

t 时刻的行驶间隔；$x_{n-1,\ t}-x_{n,\ t}$ 为第 $n-1$ 辆车与第 n 辆车在 t 时刻的车头间距。

由车辆跟驰的定义可以看出，所谓的车辆跟驰模型实际上构建的是前车的驾驶行为对后续车辆行驶的产生影响的模型。Pipes[121] 等跟驰模型的研究先驱根据车辆连续行驶的最小安全间距问题，提出了基于安全间距的车辆跟驰模型，如式（3-1）所示。

$$x_{n-1}=x_n+[b+T\dot{x}_n]+L_{n-1} \tag{3-1}$$

式中 b ——法律规定的车辆停止时的最小行车间隔；

T ——加州汽车法典规定的时间。

由此公式可得到车辆跟驰的最小行车间距为：$d_{\min}=[x_{n-1}-x_n]=b+L_{n-1}x$。自此之后，为了使模型更加合理，Forbes，Kometani，Sasaki，Gipps[122, 123] 等人对模型进行了不断完善。然而这类模型对车辆相对行驶速度、驾驶员反应时间等重要参数的均缺少充分的考虑。实际上，车辆之间的相对行驶速度差不一样，驾驶员愿意保持的安全行驶距离也是不一样的。而且驾驶员在面对某一突发情况的刺激时（如前车的加速、减速等驾驶行为改变）并不会同步采取同样的驾驶措施，而是会存在一定的反应时间延迟，这种反应时间的延迟性的变化就决定了不同道路交通流状态下，车辆保持的最小安全间距也是不一样的。

考虑到相对速度和驾驶员反应时间参数的重要性，Chandler[124] 等研究者联合通用汽车公司提出了基于刺激反应的线性跟驰模型，模型的基本关系式如式（3-2）所示：

$$\ddot{x}_{n,\ t}=\beta_0\times[\dot{x}_{n-1,\ t-\Delta t}-\dot{x}_{n,\ t-\Delta t}] \tag{3-2}$$

式中 $\ddot{x}_{n,\ t}$ ——第 n 辆车（后车）在 t 时刻的加（减）速度；

Δt ——驾驶员的反应时间延迟；

$\dot{x}_{n-1,\ t-\Delta t}$ ——第 $n-1$ 辆车（前车）在 $t-\Delta t$ 时刻的速度；

$\dot{x}_{n,\ t-\Delta t}$ ——第 n 辆车（后车）在 $t-\Delta t$ 时刻的速度；

$\dot{x}_{n-1,\ t-\Delta t}-\dot{x}_{n,\ t-\Delta t}$ ——两辆车在 $t-\Delta t$ 时刻的相对速度；

β_0 ——驾驶员的敏感性指标。

Chandler 模型中假设两辆车的相对速度是所谓的刺激，可能为正，可能为负，也可能为零，反映了后车在前车的影响下采取的加速、减速或匀速行驶。模型假设同一类型驾驶员的敏感性指标是恒定的。然而在实际情况下，驾驶员的敏感性指标存在显著的差异性。除此之外，Gazis 的研究成果[125, 126] 表明加速度的敏感性不仅仅与辆车之间的间距有关还与跟随车辆的速度有关。因此 Gazis 在 Chandler 模型的基础上考虑了车辆间距以及后车速度对加速度的影响，提出了改进模型如式（3-3）所示：

$$\ddot{x}_{n,\ t}=\beta_0\times\frac{[\dot{x}_{n,\ t-\Delta t}]^{\beta_1}}{[x_{n-1,\ t-\Delta t}-x_{n,\ t-\Delta t}]^{\beta_2}}[\dot{x}_{n-1,\ t-\Delta t}-\dot{x}_{n,\ t-\Delta t}] \tag{3-3}$$

式中 $x_{n-1,\ t-\Delta t}-x_{n,\ t-\Delta t}$ ——两辆车在 $t-\Delta t$ 时刻的车头间距；

β_1 ——加（减）速度对后车速度的敏感性参数；

β_2 ——加（减）速度对两车间距的敏感性参数；

其他参数含义同前。

Edie 等人[127]在分析了 Chandler 等人的模型后认为其不能很好的描述低密度交通流下的跟驰行为。他们认为在交通流密度极低的状态下，车辆之间不存在相互的作用。因此，Edie 认为，后车加（减）速度的变化的敏感性与自身速度有关，自身车速越大，对加（减）速度越敏感。以此为假设，提出了车辆跟驰模型如式（3-4）所示：

$$\ddot{x}_{n,\ t}=\beta_0\times\frac{\dot{x}_{n,\ t-\Delta t}}{[x_{n-1,\ t-\Delta t}-x_{n,\ t-\Delta t}]^2}[\dot{x}_{n-1,\ t-\Delta t}-\dot{x}_{n,\ t-\Delta t}] \tag{3-4}$$

式（3-4）中参数的含义与式（3-3）中参数的含义相同。由 Edie 模型可以看出，其实际是 Gazis 模型的一种简化方式。在此之后 May，Keller，Heyes，Ceder，Ozaki，Subramanian，Ahmed，Toledo，Jiang[128~130]等对基于刺激-反应的基本模型进行了参数标定及优化。这些研究者对刺激反应模型的研究，使得基于刺激反应的跟驰模型能够更好地反映实际交通流状态下的车辆跟驰特性。然而这些模型的假设条件之一就是认为道路上的车辆是同质的，也就是说他们假设道路上的驾驶员在面对同一速度差时的反应延时是相同的。然而，在实际情况下不仅仅不同类型的驾驶员在面对同一速度差时的反应延时是不一样的，不同类型的车辆（如小轿车和公交车）因为自身驾驶性能的不同，在面对同一速度差时所采取的驾驶行为的改变也是不一样的。

除了基于最小行驶安全间距和刺激反应的跟驰模型外，Wiedemann 等研究者提出了基于驾驶员心理的跟驰模型[131]，Kikuchi 和 Chakroborty 等则提出了基于模糊逻辑[132]的车辆跟驰模型。基于驾驶员心理的跟驰模型与基于刺激反应的跟驰模型相似，通过感受到前车驾驶行为的变化，后车做出相应的驾驶行为的改变。然而与基于刺激反应的跟驰模型不一样的是，基于驾驶员心理的跟驰模型认为前车驾驶行为改变超过了一定的最小阈值后，跟随车辆才会做出相应的驾驶行为的改变，否则，后车的驾驶行为不受影响。这种跟驰模型在一定程度上更接近于实际情况下的车辆跟驰行为，因此在 Vissim 等仿真软件中得到广泛应用。然而模型中决定不同类型驾驶员感受到刺激的最小阈值的随机差异性参数却很难通过实际数据进行有效标定，因此在仿真软件中这些随机性参数通过服从某种分布的随机数来代替，很难精确描述不同地区不同类型驾驶员驾驶行为的差异性对道路交通流的影响。基于模糊逻辑的车辆跟驰模型，则通过训练和学习来掌握驾驶员的驾驶行为，将传统的输入因子改为某种特定的函数来描述车辆的跟驰特性。这种模型的关键问题是模型参数的校核、功能函数类型的选择和限制阈值的选取，然而人们很难理解模型中的参数是如何描述驾驶员的跟驰行为的，也无法分析不同参数对驾驶行为的统计显著性。

从现有跟驰模型的研究成果可以看出，虽然跟驰模型的发展已经有很多的分枝，跟驰模型的研究者们根据不同的研究目的提出了不同的模型，但是目前的跟驰模型还不能很好地解释以下几个问题：

（1）正如 Edie 提出的，车辆的跟驰行为在不同交通流状态下是不一样的，特别是在低密度交通流情况下，每个车辆的驾驶行为是相互独立的。很可惜的是，虽然 Edie 提出了这个问题，但是他对刺激反应基本模型的改进并没有解决这个问题。他所提出的改进模型仍然是一个单一的模型，无法描述不同交通流状态对车辆跟驰的影响。

（2）Gazis 与 Edie 均发现了车辆的跟驰行为的敏感性与车辆的当前速度有关，但是他们的模型中仅仅考虑了跟驰车辆的当前速度，从而认为后车速度越快，车辆的跟驰行为中加（减）速度的变化必然更敏感。然而，在实际数据调查中我们发现，其实影响跟驰行为中加（减）速度变化敏感性的不仅仅与前后两辆车的相对速度还与前车的加（减）速度变化有关，而不仅仅是后车跟驰时的速度。前车加（减）速度的变化对后车跟驰行为的影响，也就是所谓的刹车灯效应问题，可以参见李力，姜锐等人[133]的相关研究成果。

（3）由于现有的车辆跟驰模型假设道路上的车辆是同质的，因此现有的跟驰模型很难解释不同类型车辆在面对相同的车辆间距、速度差异性等刺激时加（减）速度的变化却不相同的问题。

（4）现有跟驰模型均通过安全间距、不同强度的刺激反应值等强制要求跟驰车辆必须达到相应的加（减）速度值，很少考虑到车辆自身性能的限制。也就是说，由于不同类型车辆自身性能的差异性的存在，不同类型车辆的最大加（减）速度具有自身的局限性。而最大加（减）速度的限制，是交通流理论能否如实描述实际交通流运行状态，解决实际交通问题必然要面临的问题。

基于现有交通流模型存在的问题，结合实际交通流调查的规律总结，提出本书的车辆跟驰模型如式（3-5）所示：

$$\ddot{x}_{n,\,t,\,l}=\begin{cases}\overline{a_{n,\,l,}}\,,\ state=1\\[2ex]\beta_{0,\,l}\times(x_{n-1,\,t-\Delta t}-x_{n,\,t-\Delta t}-L_{n-1})^{\beta_{1,\,l}}\times\left(\dfrac{\dot{x}_{n-1,\,t-\Delta t}}{\dot{x}_{n,\,t-\Delta t}}\right)^{\beta_{2,\,l}}\times\\[2ex]\quad\left(\dfrac{\dot{x}_{n-1,\,t-\Delta t}-\dot{x}_{n-1,\,t}}{\mathrm{d}t}\right)^{\beta_{3,\,l}},\ state=2\\[2ex]0,\ state=3\end{cases}\tag{3-5}$$

式中　$\ddot{x}_{n,\,t,\,l}$——时刻 t 车辆 n 在 l 类跟驰状态下的加（减）速度值；

l——车辆不同的跟驰类别，在本书中根据跟驰车辆的类别将其分为小轿车跟随小轿车、小轿车跟随公交车、公交车跟随公交车、公交车跟随小轿车四种类别；

state——车辆跟驰行为的状态判断函数，根据车辆跟驰过程中所处的交通流状态将其分为三种状态，当 $state=1$ 时表示快速路上同一车道相邻的两辆车处于自由行驶状态，车辆 n 的速度小于期望的行车速度时车辆的加速度以车辆性能限定的最大加速度 $\overline{a_{n,l}}$ 行驶。且此时车辆期望速度小于所处车道对此车型的最大限速值，即 $\dot{x}_{n,t}<\dot{x}_{n,\max}$。以本书调查的玄武大道为例，此快速路上对小轿车的限速为 100km/h，而其对公交车的限速则为 80km/h。当 $state=2$ 时表示此两辆车处于跟驰状态，后车的加（减）速度的大小与前车的驾驶行为产生的刺激具有很强的相关性。当 $state=3$ 时表示后车的加速度为 0，此时车辆为匀速行驶。此种状态的出现可能有两种可能性，一种是车辆速度达到了自身最大的速度或者车道的限制速度，另一种是在跟驰行为中前车对后车的刺激较弱，没有引起后车出现加（减）速度；

$x_{n-1,t-\Delta t}-x_{n,t-\Delta t}-L_{n-1}$——车辆跟驰行为中前车与后车之间的车头净空，其参数含义与图 3-1 中的参数含义相同，描述了跟驰行为中车头净空对后车加（减）速度的刺激情况；

$\dfrac{\dot{x}_{n-1,t-\Delta t}}{\dot{x}_{n,t-\Delta t}}$——车辆跟驰行为中前车与后车速度的比值，描述了跟驰行为中前后车的相对速度变化对后车加（减）速度的刺激情况；

$\dfrac{\dot{x}_{n-1,t-\Delta t}-\dot{x}_{n-1,t}}{\mathrm{d}t}$——车辆跟驰行为中前车加（减）速度的变化情况，描述了前车速度变化对后车加（减）速度的刺激情况。

由模型的参数定义可以看出，本书提出车辆跟驰模型认为车辆的跟驰行为除了跟前车驾驶行为变化的刺激强度有关外，还和车辆所在的交通流运行状态、道路车道条件、驾驶员的类别、车辆自身性能（加减速性能）差异性等因素有关。

3.2 快速路车辆跟驰数据特性分析

在本节将利用采集的快速路交通流运行轨迹数据对车辆的跟驰特性进行分析，用以对本书提出的跟驰模型的参数进行标定。在进行数据分析时，结合本书的研究目标和实际调查数据，将车辆的跟驰行为分成小轿车-小轿车的跟驰、小轿车-公交车的跟驰、公交车-公交车的跟驰、公交车-小轿车的跟驰四个类别进行研究。

3.2.1　交通流状态对车辆跟驰行为的影响研究

Edie 等人[127]在他们的研究中提出，车辆的跟驰行为在不同交通流状态下是不一样的，特别是在低密度交通流情况下，每个车辆的驾驶行为是相互独立的。根据不同的研究目的，交通流状态的分类方法有很多，为了工程应用的便利性，本书选择 HCM2010 中道路服务水平的分类方法来将交通流状态分为六类。不同服务水平下的车辆行驶轨迹如图 3-2 所示。

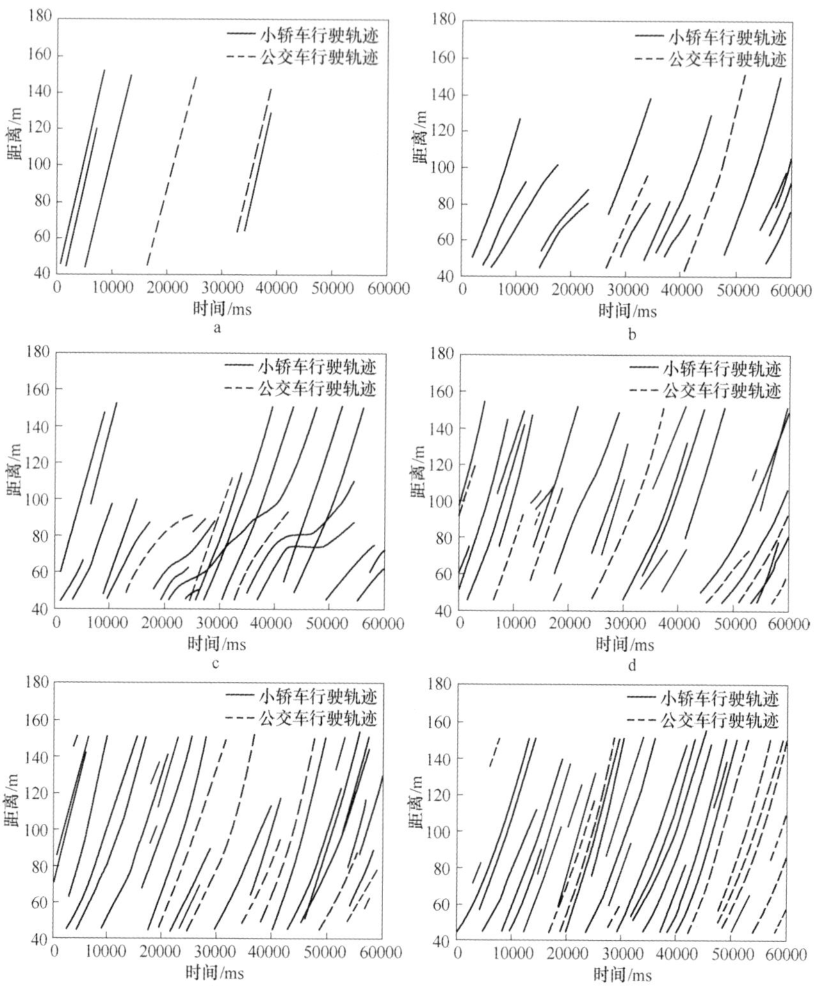

图 3-2　不同服务水平下的车辆行驶轨迹图

a—A 级服务水平下车辆行驶轨迹；b—B 级服务水平下车辆行驶轨迹；c—C 级服务水平下车辆行驶轨迹；d—D 级服务水平下车辆行驶轨迹；e—E 级服务水平下车辆行驶轨迹；f—F 级服务水平下车辆行驶轨迹

图中横坐标为调查数据的统计时段，图中由A级服务水平至F级服务水平，每种服务水平均统计了60000ms的数据。图中纵坐标为调查的车辆距离检测点的直线距离，用来描述车辆的行驶轨迹。由图3-2可以定性地看出，不同交通流状态下车辆的跟驰选择是不一样的，在服务水平较高的情况下，车辆之间以自由流的状态行驶，车辆之间的相互作用较小，特别是对于多车道道路来说，即使在某一特殊时刻，前车的车速发生变化而以较低车速行驶时，后车可以选择其他车道行驶，而不需要像单车道道路一样，选择车辆跟驰。随着道路交通流量的增加，道路服务水平开始降低，车辆之间的间距越来越小，不同车道之间车辆的换道的难度不断加大，不同车道上的车辆更愿选择车辆跟驰而不是随意变换车道以寻求更佳的行驶环境，此时道路上存在跟驰行为的车辆比重会不断增加。将调查数据中不同状态下存在跟驰行为的车辆数量占路段总交通流量的比重数据进行汇总可定量地得到不同服务水平下跟驰车辆占总交通流量的比率如图3-3所示。

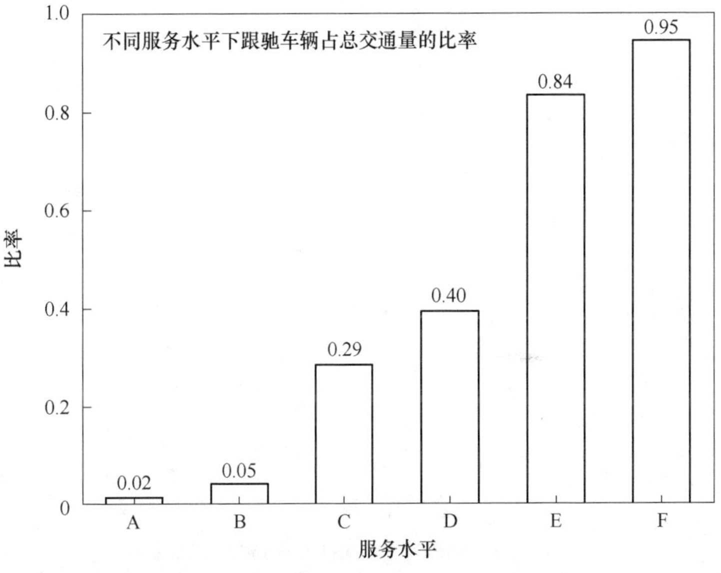

图3-3　不同服务水平下车辆跟驰率统计图

从图3-3可以看出，不同交通流状态下的车辆跟驰率是不一样的，A级服务水平和B级服务水平下的交通流状态以自由流为主，车辆的行驶偏好于某一稳定的状态，车辆的加减速行为仅仅是随机性的速度浮动情况。后车速度的变化受前车速度变化的影响较小。在C级服务水平下车辆受到前车速度变化影响时更多的是选择换道行驶，只有少部分车辆选择跟驰。除此之外，这三种交通流状态下能够获取的完整的车辆跟驰数据非常少，不能用来代表性地分析在这三种交通流状态下的车辆跟驰行为。因此在研究交通流状态对跟驰行为的影响时主要研究D级、E级和F级服务水平下的交通流状态对车辆跟驰行为的差异性。

3.2.2　车辆跟驰行为的时间延迟性研究

所谓的车辆跟驰行为的时间延迟性是指在车辆跟驰过程中后车感知到前车速度变化的所需的反应时间。也就是说，当前车速度发生变化时，后车需要一定的时间才能感知到。一般情况下，这种时间的延迟性与外界的刺激强度也就是前车速度变化程度以及驾驶员自身的特性密切相关。

最早在跟驰模型中提出车辆跟驰反应时间延迟的模型可以追溯到 1958 年 Chandler 等人提出的 GM 模型。自此之后，1993 年 Ozaki 等在对 GM 跟驰模型进行改进研究的基础上，将跟驰车辆的反应延迟时间分为四种类型，如图 3-4 所示。

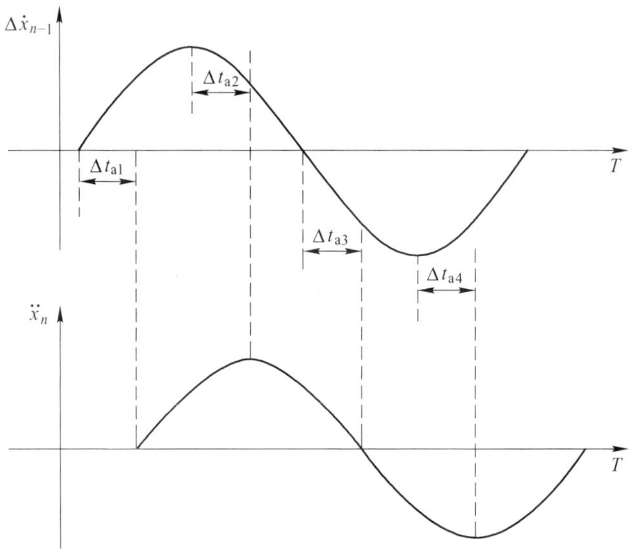

图 3-4　四种跟驰行为的反应延迟时间

图 3-4 中 $\Delta\dot{x}_{n-1}$ 为 $n-1$ 车的相对速度变化值，$\ddot{x}_n$ 为 n 车在与 $n-1$ 车跟驰过程中因为 $n-1$ 车速度变化引起的加速度变化值。其中：跟驰行为的反应延迟时间 Δt_{a1} 为前车相对速度为零时后车加速度为零需要的延迟时间，Δt_{a2} 为前车加速行为引起的后车开始加速所需要的延迟时间，Δt_{a3} 为前车相对速度为零时后车减速度为零需要的延迟时间，Δt_{a4} 为前车减速行为引起的后车开始加速所需要的延迟时间。Ozaki 等人使用录像机采集了日本快速路上的车辆微观交通流数据来分析车辆跟驰过程中的反应延迟规律，构建了车辆跟驰的反应延迟时间模型。近年来，跟驰模型中反应延迟的时间确定值主要如表 3-1 所示。

表 3-1 现有跟驰反应时间的研究成果汇总表

<table>
<tr><th>研 究 者</th><th colspan="6">跟驰反应时间</th></tr>
<tr><td>Chandler et al.[134]（1958 年）</td><td colspan="2">最小 1.0s</td><td colspan="2">最大 2.20s</td><td colspan="2">平均 1.55s</td></tr>
<tr><td>Kometani et al.[135]（1959 年）</td><td colspan="2"></td><td colspan="2">0.75s</td><td colspan="2"></td></tr>
<tr><td rowspan="3">Gazis et al.[136]（1959 年）</td><td colspan="2"></td><td colspan="2">GM test track 1.5s</td><td colspan="2"></td></tr>
<tr><td colspan="2"></td><td colspan="2">Holland tunnel 1.4s</td><td colspan="2"></td></tr>
<tr><td colspan="2"></td><td colspan="2">Lincoln tunnel 1.2s</td><td colspan="2"></td></tr>
<tr><td rowspan="2">Ozaki[137]（1993 年）</td><td colspan="3">加速</td><td colspan="3">减速</td></tr>
<tr><td colspan="3">$1.5 + 0.01[x_{n-1,t} - x_{n,t}] - 0.06\ddot{x}_{n-1,t}$</td><td colspan="3">$1.3 + 0.02[x_{n-1,t} - x_{n,t}] + 0.7\ddot{x}_{n-1,t}$</td></tr>
<tr><td>Subramanian[138]（1996 年）</td><td colspan="3">加速 1.97s</td><td colspan="3">减速 2.29s</td></tr>
<tr><td>Siuhi[139]（2009 年）</td><td colspan="3">加速 0.8s</td><td colspan="3">减速 0.6s</td></tr>
</table>

其实，作为影响车辆跟驰模型的参数之一，车辆跟驰行为的时间延迟性很难直接通过检测器检测出来。一方面，不同类型的驾驶员因为年龄、性别、当时的心情、工作性质、出行目的等自身条件因素的影响而会出现不同的反应时间。另一方面，车辆行驶速度、前车速度的变化程度、车辆行驶的交通流场景等外部因素也会对驾驶员的反应时间产生影响。因此很难简单、方便地确定车辆跟驰行为的反应延迟时间，为了研究的方便，结合元胞自动机模型的模拟更新规则，本书中设定车辆的跟驰反应延迟时间为 1s。

3.2.3 车辆跟驰行为的车头间距需求分析

车头间距指的是同一车道上连续两辆车的车头之间的空间距离。在交通流分析中，特别是在对不同类型车辆的跟驰行为进行研究的过程中，车头间距占据着比较重要的地位。一方面，在车辆的跟驰过程中，不同的道路服务水平决定了车辆跟驰时能够保持的平均车头间距。另一方面，为了保证驾驶行为的安全，不同类型驾驶员在面对同一种类型的车头间距的变化时可能会产生不同的驾驶行为。除此之外，因为车辆性能、驾驶员特性的影响，不同类型的驾驶员在不同交通流条件下愿意保持的最小车头间距也是不一样的。为了分析车头间距对快速路不同类型车辆跟驰行为的影响情况，绘制了不同类型车辆跟驰过程中的车头间距的变化曲线，如图 3-5 所示。

图 3-5 中横坐标为不同类型车辆跟驰保持的车头间距值，单位为 m。为了分析不同类型车辆跟驰行为的影响，将车辆的跟驰行为分为公交车跟随公交车、小轿车跟随小轿车、公交车跟随小轿车、小轿车跟随公交车四种类型。图中左侧纵坐标为不同类型车辆跟驰所保持的车头间距所占的百分比，对应于柱状图所用坐

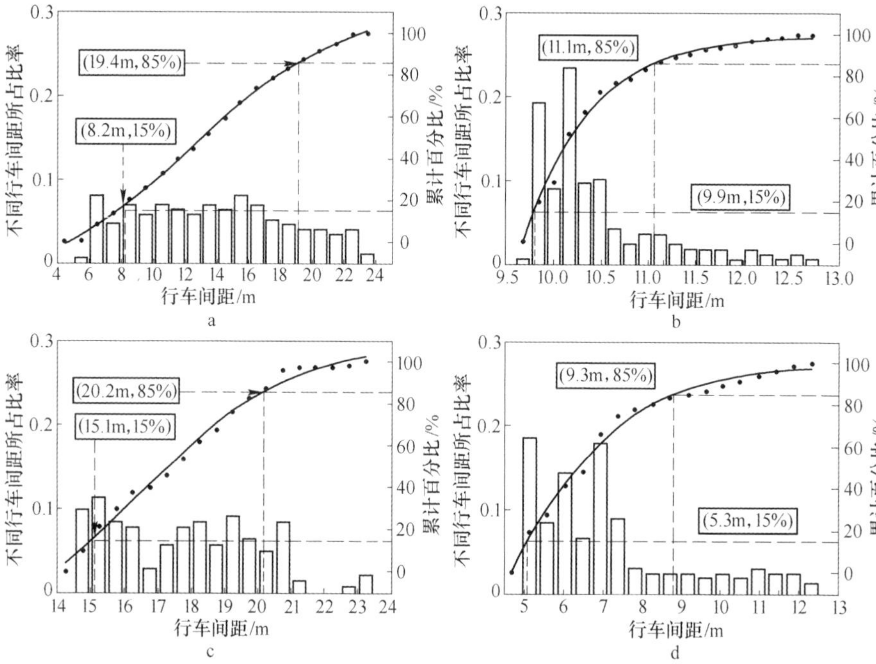

图 3-5　不同类型跟驰行为的车头间距分布图

a—公交车跟随公交车；b—小轿车跟随小轿车；c—公交车跟随小轿车；d—小轿车跟随公交车

标。图中右侧纵坐标为不同类型车辆跟驰所保持的车头间距对应的累计百分比，对应于累计百分比散点图和拟合曲线所用坐标。由图 3-5 可以看出，小轿车的跟驰行为对车头间距的选择比公交车的跟驰行为所保持的车头间距具有更高的稳定性。小轿车在跟随小轿车行驶的过程中车头间距小于 9.9m 的车辆只占据了 15%，车头间距超过 11.1m 的车辆也只占据了 15%。小轿车跟随公交车行驶过程中，车头间距小于 5.3m 的车辆占据了总数的 15%，车头间距超过 9.3m 的同样占据了车辆总数的 15%。小轿车在跟驰过程中车头间距的变化差异性，可能是因为小轿车的速度变化过于随意，公交车在行驶过程中速度相对比较稳定造成的。公交车在跟随公交车的跟驰过程中车头间距小于 8.3m 的车辆占了总交通流量的 15%，车头间距超过 19.4m 的车辆占交通流量总量的 15%。公交车跟随小轿车的跟驰过程中，车头间距小于 15.1m 的车辆占交通流量总量的 15%，车头间距超过 20.2m 的车辆占交通流总量的 15%。这种车头间距的差异性是造成交通流车道分布不均匀的主要原因之一。除此之外，这种车头间距分布差异性，也是造成道路通行能力损失的主要原因之一。

3.2.4　车辆跟驰行为的速度差异性分析

本节中考虑的车辆跟驰行为的速度差异性主要包括：不同类型车辆跟驰过程

中的车辆跟驰速度的变化特性、不同类型车辆在跟驰过程中的速度差的变化情况、不同类型车辆在跟驰过程中的加（减）变化情况。不同类型跟驰过程中后车在跟驰过程中的速度分布情况如图 3-6 所示。图中横坐标为跟驰过程中不同类型车辆的跟驰速度值，单位为米/秒，纵坐标为不同速度值所占的比例。图中的拟合曲线是根据相应的柱状速度分布数据拟合的分布函数。由图 3-6 可以看出，在车辆跟驰的过程中随着后车自身性质的不一样，车辆的跟驰速度的分布也存在差异性。虽然不同类型车辆跟驰速度的分布均满足正态分布，但是公交车跟随公交车时的速度均值为 8. 42m/s，而公交车跟随小轿车的速度则能达到 9. 2m/s，因为公交车的存在，公交车的跟驰速度降低了 8%。小轿车跟随小轿车时的车速均值为 11. 14m/s，而小轿车跟随公交车时的跟车速度均值为 9. 53m/s，因为公交车的存在，小轿车的跟驰车速降低了 14%。由此可见，公交车的存在，会导致车道上的速度分布存在不均匀性，这也是导致检测数据中大量小轿车的速度反而低于公交车车速的原因之一。

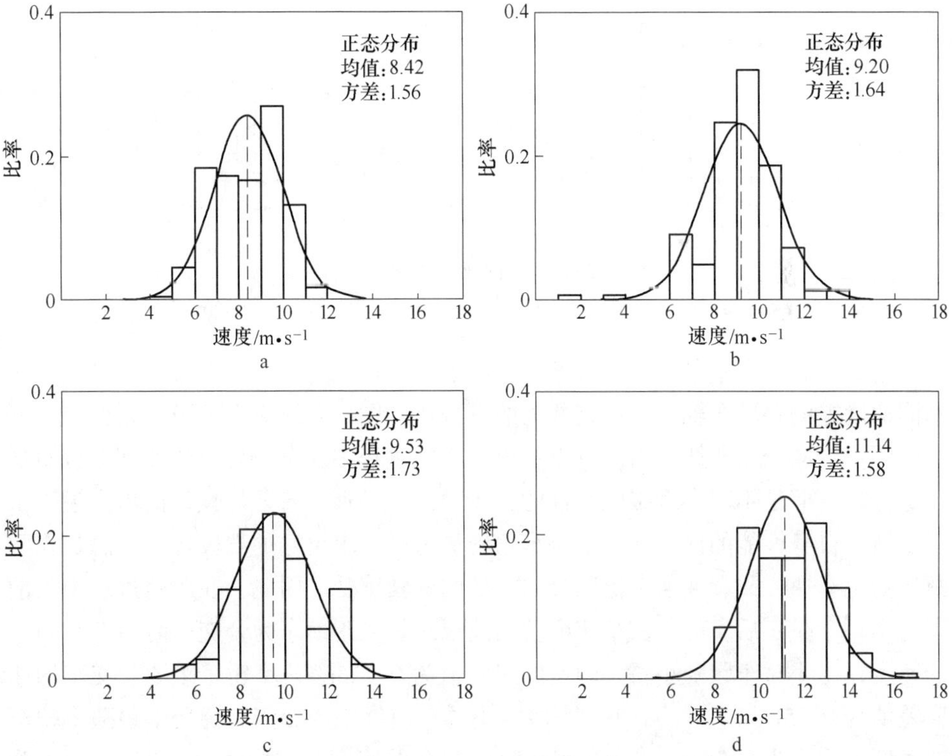

图 3-6　跟驰过程中后车的车速分布图

a—公交车跟随公交车；b—公交车跟随小轿车；c—小轿车跟随公交车；d—小轿车跟随小轿车

为了进一步分析车辆跟驰过程中前后车速度的差异性情况，绘制了前后车速度差的分布图，如图 3-7 所示。

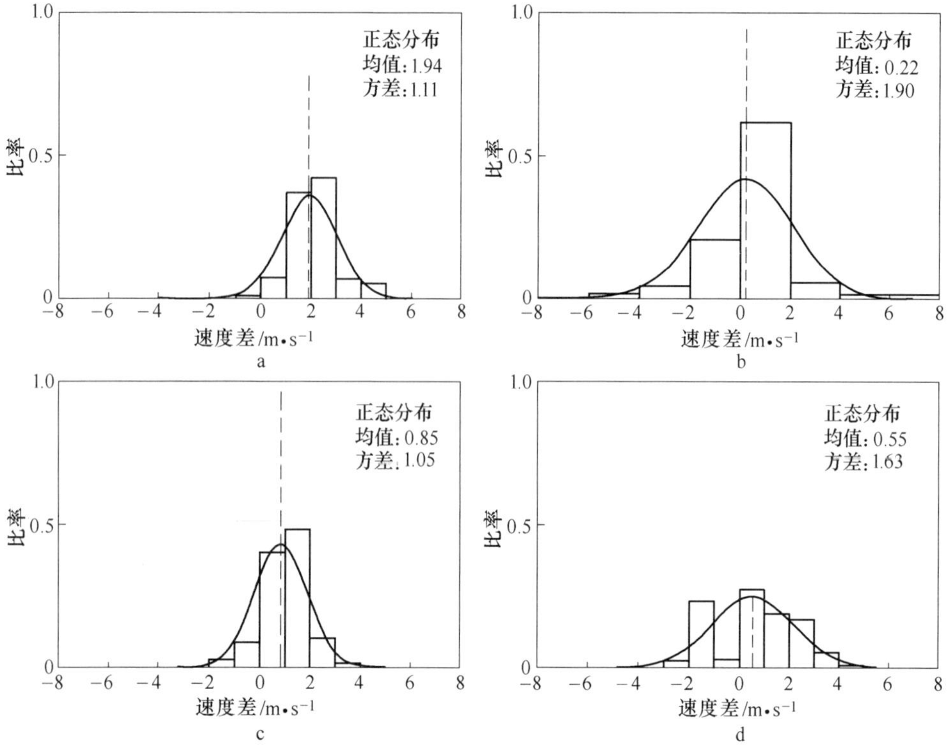

图 3-7　跟驰过程前车后车速度差分布图

a—公交车跟随公交车；b—小轿车跟随小轿车；c—公交车跟随小轿车；d—小轿车跟随公交车

图 3-7 中横坐标为前车的车速与跟随车的车速之差，单位为 m/s，纵坐标为不同速度差的跟驰车辆占总调查数据的百分比，图中曲线为根据速度差分布数据柱状图拟合的分布曲线。由此可以看出，跟驰过程中前车与后车的速度差也服从正态分布，但是不同类型跟驰车辆的分布形式还是存在着差异性。简单来说，由于小轿车自身性能的优越性，小轿车驾驶员为了寻求更好的驾驶环境，总是在不断地变化车速，或者变换车道以寻求更佳的驾驶感受。因此，在跟驰过程中当前车为小轿车时，后车的与前车速度差的波幅总是大于前车为公交车时后车与前车的速度差。小轿车跟随小轿车的速度差均值为 0. 22m/s，小轿车跟随公交车的速度差值为 0. 55m/s，超过了小轿车跟随小轿车速度差的 2 倍。公交车跟随小轿车的速度差均值为 0. 85m/s，公交车跟随公交车的速度差的均值为 1. 94m/s，因为不同类型车辆跟驰造成的速度差超过了 3 倍。这种不同类型车辆跟驰造成的路段车速离散性是造成路段通行能力下降的主要原因之一。除了分析车辆跟驰过程中前后车速度的变化情况，本书还选择了 120 组数据，分析了跟驰过程中后车加速

度的变化情况，具体如图 3-8 所示。

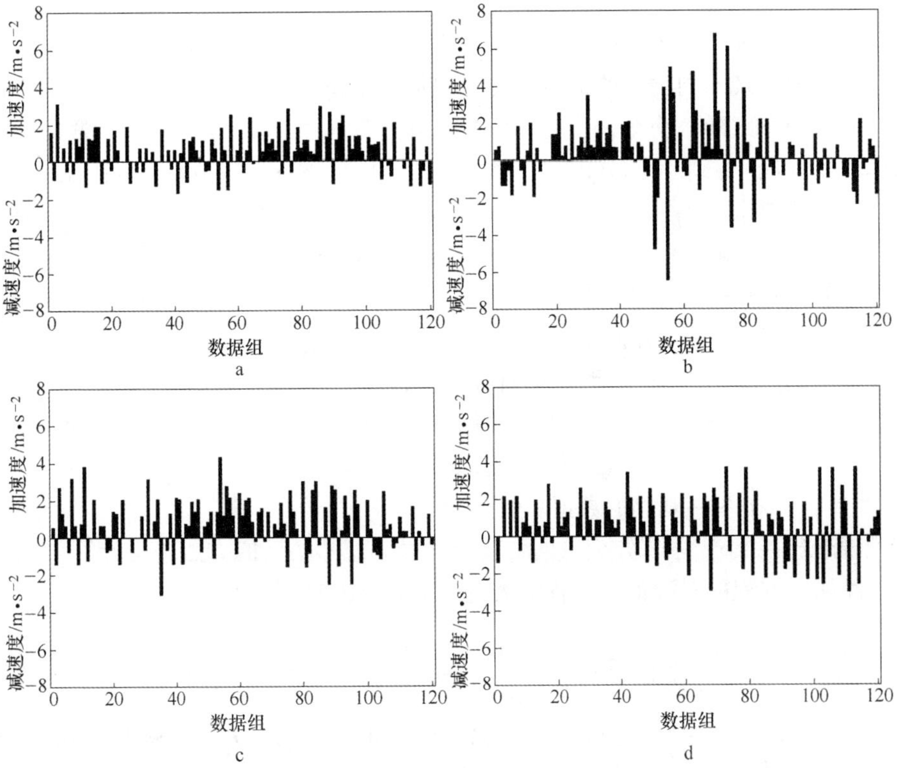

图 3-8 跟驰过程后车加速度（减速度）分布图

a—公交车跟随公交车；b—小轿车跟随小轿车；c—公交车跟随小轿车；d—小轿车跟随公交车

图 3-8 中，横坐标为所选择的 120 组不同类型的车辆跟驰数据，纵坐标上侧为跟驰过程中后车的加速度值，纵坐标下侧为跟驰过程中后车的减速度值，单位均为 m/s^2。由此可以定性地看出，不同类型车辆的跟驰过程中，因为前车驾驶行为的改变，导致的后车加（减）速度的变化差异性存在很大的差别。小轿车跟随小轿车的跟驰过程中，后车加（减）速度的变化能达到 $8m/s^2$，小轿车跟随公交车的跟驰过程中，后车加（减）速度的变化能达到 $4m/s^2$，前车为小轿车带来的后车为小轿车加（减）速度的变化幅度为公交车带来的变化幅度的 2 倍。公交车跟随公交车的跟驰过程中，后车加（减）速度的变化控制在 $3m/s^2$ 之内，公交车跟随小轿车的跟驰过程中，后车加（减）速度的变化则达到 $5m/s^2$，此时因为小轿车的存在，造成公交车加（减）速度改变的差异性达到 1.7 倍。从这种加（减）速度变化的差异性可以看出，在跟驰过程中由于小轿车驾驶行为的自由度较高，导致整个跟驰过程中后车会出现频繁的急加速与急减速现象，这也是产生道路交通事件的主要原因。

3.3　车辆跟驰模型的参数标定

对于跟驰模型的参数标定分为两个阶段。第一阶段，将调查数据按照加速度、减速度以及不同类型的跟驰方式（包括：小轿车跟随小轿车、小轿车跟随公交车、公交车跟随公交车、公交车跟随小轿车四种类型）分为八组。第二阶段，选择非线性最小二乘回归分析方法对八种跟驰模型进行参数拟合。根据最小二乘回归方法的要求，跟驰模型的一般方程可以设定如式（3-6）所示：

$$f(x_{n,\ t}) = f(\beta,\ X_{n,\ t-\Delta t}) + u_{t-\Delta t} \quad (t = 1,\ 2,\ \cdots,\ T) \tag{3-6}$$

式中　$f(x_{n,\ t})$ ——时间 t 时的因变量；

β ——未知向量；

$X_{n,\ t-\Delta t}$ —— $t-\Delta t$ 时刻的解释变量；

$u_{t-\Delta t}$ —— $t-\Delta t$ 时刻的误差项，假设其服从均值为 0 的正态分布，此时 $E(u_{t-\Delta t}) = 0$，且 $var(u_{t-\Delta t}) = \sigma^2$；

T ——观测的数据总量。

对于式（3-6）中未知变量的估计选择最大似然估计的方法进行计算。此时，非线性回归方程的对数似然方程的表达式如式（3-7）所示：

$$\lg(\beta,\ \sigma^2) = \frac{1}{(2\pi\sigma^2)^{n/2}} e^{\left\{\frac{\sum_{t=1}^{T}[f(x_{n,\ t}) - f(\beta,\ X_{n,\ t-\Delta t})]^2}{2\sigma^2}\right\}} \tag{3-7}$$

此时，由式（3-7）可知，当 $S(\beta)$ 为最小时，$\lg(\beta,\ \sigma^2)$ 能够得到最大似然值，此时 $S(\beta)$ 的表达如式（3-8）所示：

$$S(\beta) = \sum_{t=1}^{T} [f(x_{n,\ t}) - f(\beta,\ X_{n,\ t-\Delta t})]^2 \tag{3-8}$$

对式（3-8）中的目标函数 $S(\beta)$ 进行微分可得到函数如式（3-9）所示：

$$\frac{\partial S(\beta)}{\partial \beta} = -2\sum_{t=1}^{T} [f(x_{n,\ t}) - f(\beta,\ X_{n,\ t-\Delta t})] \frac{\partial S(\beta,\ X_{n,\ t-\Delta t})}{\partial \beta} \tag{3-9}$$

令 $\frac{\partial S(\beta)}{\partial \beta} = 0$ 则可得到参数的回归方程。由于此非线性回归方程的最优解不一定唯一，因此需要通过数值分析的技术来求解方程中的未知变量。本书选择 Gauss-Newton 方法通过寻求原方程的残差平方和达到最小的方法来寻找方程的最优解。定义残差平方和的计算公式如式（3-10）所示：

$$S(\beta) = \sum_{t=1}^{T} r_t^2 \tag{3-10}$$

联立公式（3-8）与公式（3-10）可以得到残差的计算公式如式（3-11）所示：

$$r_t = f(x_{n,\ t}) - f(\beta,\ X_{n,\ t-\Delta t}) \tag{3-11}$$

求解公式（3-10）的改进的 Gauss-Newton 法的计算过程如下：

（1）先设定一个初始的 β^0，根据式（3-10）计算一个值作为最小的平方和值；

（2）递推一个微小变量 $\alpha\Delta$ 得到 β^1，使得根据 β^1 计算的平方和值小于上一步的平方值，并作为新的最小平方和；

（3）以此类推知道获取最小的平方值。递推过程中的参数表达式如式(3-12)所示：

$$\beta^{k+1} = \beta^k + \alpha\Delta \tag{3-12}$$

式中 k——迭代的步骤；

α——增长系数，$0 < \alpha < 1$；

Δ——增长率，通过 $(J_r^T J_r)\Delta = -J_r^T r$ 计算获得。

r 是由参数 r_t 组成的向量，J_r 向量 r 的雅克比矩阵，其计算方程如式(3-13)所示：

$$J_r = \frac{\partial r_t}{\partial \beta_i} \quad (i = 1, \cdots, n, t = 0, 1, \cdots, T) \tag{3-13}$$

为了判断参数标定的效果，选择决定系数 R^2 来描述，决定系数通过回归平方和与总离差平方和的比值来描述总离差平方和中可以由回归平方和解释的比例，其计算公式如式（3-14）所示：

$$R^2 = 1 - \frac{SSE}{SS_{yy}} = 1 - \frac{\sum [f(x_{n,t}) - f(X_{n,t})]^2}{\sum [f(x_{n,t}) - f(\bar{x}_{n,t})]^2} \tag{3-14}$$

式中 SSE——预测值的离差平方和；

SS_{yy}——调查数据自身的总离差平方和；

n——观测变量的数量；

t——需要标定的参数数量；

其他参数含义同上。

将筛选的1600对跟驰数据按照加速度、减速度以及不同类型的跟驰方式分为八组，每组200个数据对。将每组数据又分为两个部分，一部分为数据拟合组，用于数据拟合分析，另一部分为数据校验组，用于进行预测效果对比分析，每组有100个数据对。根据调查数据最终得到拟合结果如表3-2所示。

表3-2 本书模型参数拟合结果

类别		β_0	β_1	β_2	β_3	R^2
公交车跟随公交车	加速度	0.2245	0.6511	0.5257	0.0001	0.83
	减速度	0.7418	-0.1522	0.8485	0.0003	0.72
小轿车跟随小轿车	加速度	5.3197	-1.6116	4.8996	0	0.62
	减速度	30.368	-1.593	-0.4587	-0.1221	0.65
小轿车跟随公交车	加速度	35.357	-1.3156	0.5439	0.0003	0.84
	减速度	0.0001	3.1173	-0.7944	-0.1906	0.7
公交车跟随小轿车	加速度	0.1242	1.0699	0.2817	0.0001	0.64
	减速度	38.303	-2.235	-0.2705	0.1222	0.89

由表 3-2 可以看出，判断模型参数拟合效果的决定系数均超过了 0.6，公交车跟随公交车加速度、小轿车跟随公交车加速度、公交车跟随小轿车减速度参数的决定系数超过了 0.8。导致不同类型跟驰过程拟合效果差异性的原因是公交车在跟驰过程中的速度稳定性大于小轿车的速度稳定性。总体而言，本书模型的拟合效果比较好。

3.4　不同车辆跟驰模型的对比分析

本节将经典的 Gazis 模型、Edie 模型与本书模型进行对比，分析不同模型对我国快速路交通流数据的适应性。首先利用 3.3 节中数据拟合组的数据对 Gazis 模型和 Edie 模型分别进行拟合分析结果如表 3-3 所示。

表 3-3　Gazis 模型与 Edie 模型参数拟合结果

类别		Gazis 模型				Edie 模型	
		β_0	β_1	β_2	R^2	β_0	R^2
公交车跟随公交车	加速度	0.19698	−0.04828	0.85394	0.53	15.235	0.42
	减速度	0.31889	0.6959	−0.63353	0.33	7.8103	0.26
小轿车跟随小轿车	加速度	0.00015	3.6594	0.1353	0.34	10.586	0.47
	减速度	100.18	−1.7941	−0.33862	0.61	8.0018	0.26
小轿车跟随公交车	加速度	137.1	−2.0527	0.30553	0.31	25.986	0.32
	减速度	−0.83104	−10.744	5.1192	0.69	21.854	0.34
公交车跟随小轿车	加速度	2.5638	0.89093	−1.1744	0.4	2.3469	0.31
	减速度	51.834	−3.0664	0.4471	0.37	2.199	0.38

由表 3-3 可以初步定性地看出本书提出的模型比 Gazis 模型以及 Edie 模型具有更好的拟合效果。为了进一步定量对比几种模型对我国交通流数据的适应性情况，选择独立的数据校验组对不同模型的预测效果进行对比分析，结果如图 3-9 所示。

由图 3-9 可以直观地看出，本书提出的模型（NH-CFM）比 Gazis 模型（Gazis-CFM）和 Edie（Edie-CFM）模型具有更好地预测精度，而通过 Gazis 模型与 Edie 模型的预测结果的比较可以看出，在绝大多数情况下，Gazis 模型比 Edie 模型具有较好的预测精度，能更好地描述我国城市交通流的运行规律，这种现象的出现可能与 Edie 模型实际是根据美国交通流数据拟合的 Gazis 模型的简化形式有关。

为了评价不同模型的预测精度与可靠性，本书选择目前应用较广泛的统计评价指标均方根误差（*RMSE*）、泰尔不均衡系数（*U*）、绝对误差均值（*MAE*），绝对误差比的均值（*MAPE*），以及绝对误差比的方差（*VAPE*）进行误差分析。

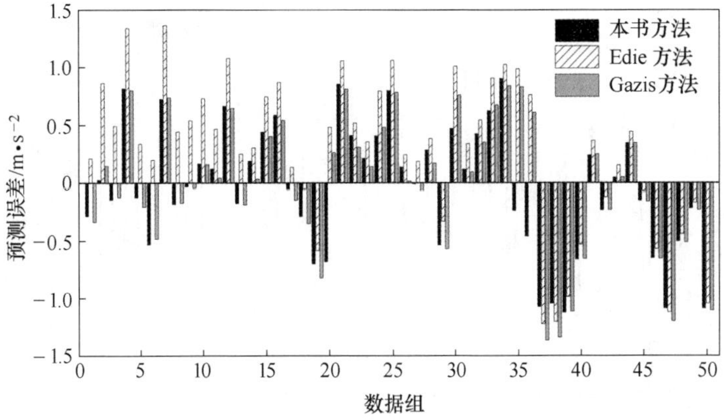
本书方法
Edie 方法
Gazis方法
预测误差/m·s⁻²
数据组

a

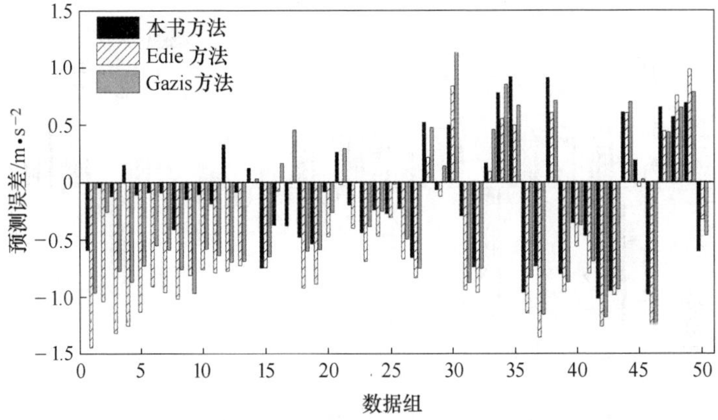
本书方法
Edie 方法
Gazis方法
预测误差/m·s⁻²
数据组

b

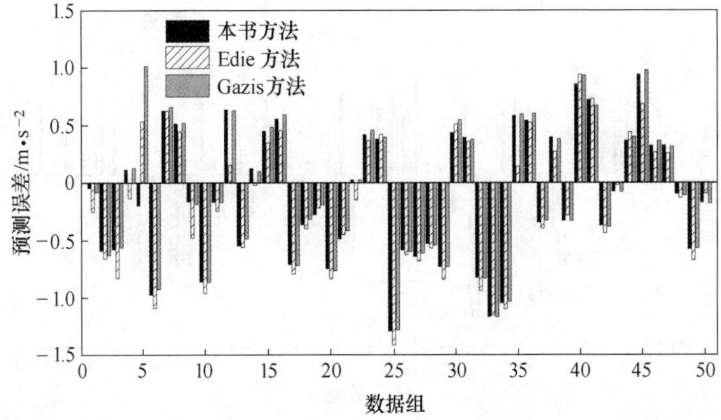
本书方法
Edie 方法
Gazis方法
预测误差/m·s⁻²
数据组

c

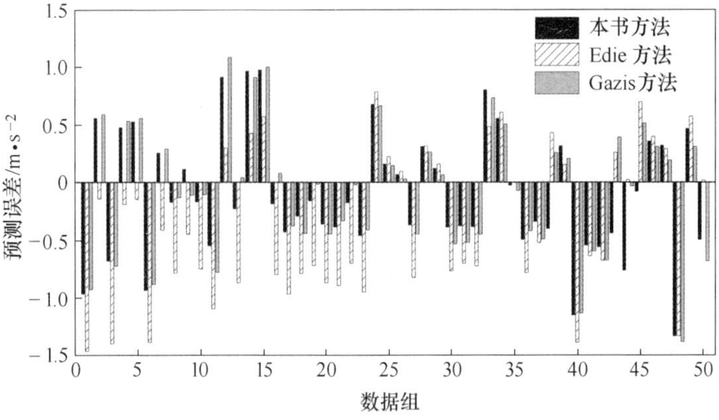
本书方法
Edie 方法
Gazis方法
预测误差/m·s⁻²
数据组

d

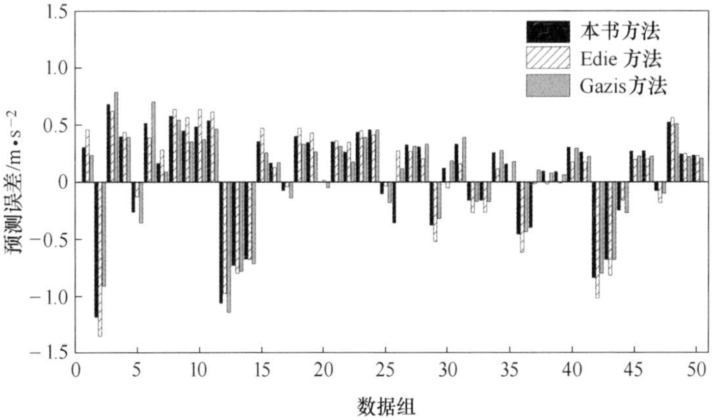
本书方法
Edie 方法
Gazis方法
预测误差/m·s⁻²
数据组

e

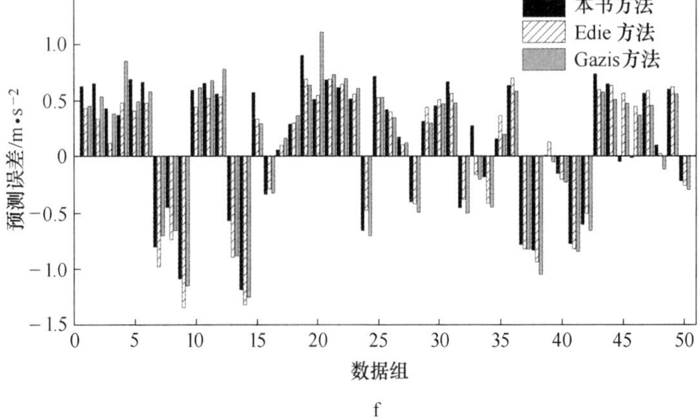
本书方法
Edie 方法
Gazis方法
预测误差/m·s⁻²
数据组

f

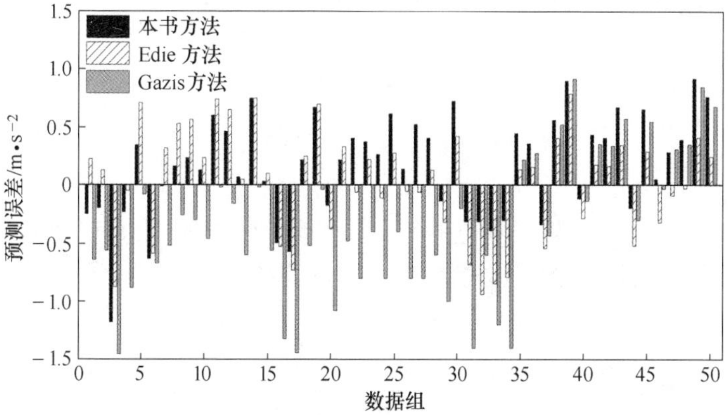

g

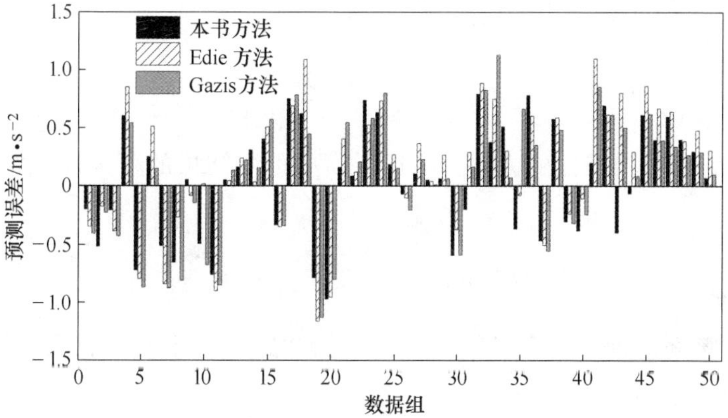

h

图 3-9 不同跟驰模型的预测结果对比

a—大车跟随大车加速度预测；b—小车跟随小车加速度预测；c—小车跟随大车加速度预测；d—大车跟随小车加速度预测；e—大车跟随大车减速度预测；f—小车跟随小车减速度预测；g—小车跟随大车减速度预测；h—大车跟随小车减速度预测

均方根误差（*RMSE*）描述了估计值和观测值之间的差异性，如式（3-15）所示：

$$RMSE = \sqrt{\frac{1}{T}\sum_{t=1}^{T}\left(\frac{y_t^0 - y_t^c}{y_t^0}\right)^2} \tag{3-15}$$

式中 T——观察的跟驰数据组；

y_t^c——模型预测的加（减）速度值；

y_t^0——观察的加（减）速数据。

泰尔不均匀系数 U 为描述测试值与观察数据均方差的差异性的指标，选择此指标的最普遍的优势在于能在不同的尺度下比较不同的数据对，还能分析均值、方差和相关性的差异性等指标，其计算公式如式（3-16）所示：

$$U = \frac{\sqrt{\frac{1}{T}\sum_{t=1}^{T}(y_t^0 - y_t^c)^2}}{\sqrt{\frac{1}{T}\sum_{t=1}^{T}(y_t^c)^2} + \sqrt{\frac{1}{T}\sum_{t=1}^{T}(y_t^0)^2}} \tag{3-16}$$

MAE 为描述观测值与预测值的绝对误差均值，能比较直观而简单地看出模型的预测效果，其计算公式如式（3-17）所示：

$$MAE = \frac{\sum_{t=1}^{N}|y_t^0 - y_t^c|}{N} \tag{3-17}$$

MAPE 为绝对误差比的均值，与 *MAE* 指标一样可以直接地描述了预测的准确性，其计算公式如式（3-18）所示：

$$MAPE = \frac{1}{N}\sum_{t=1}^{N}\frac{|y_t^0 - y_t^c|}{y_t^0} \tag{3-18}$$

VAPE 为绝对误差比的方差，描述了模型预测结果的稳定性，如式（3-19）所示：

$$VAPE = \mathrm{var}\left(\frac{|y_t^0 - y_t^c|}{y_t^0}\right) \times 100\% \tag{3-19}$$

根据调查的校验组数据对各个模型进行预测，可以得到不同模型最终的分析结果如表 3-4 所示。

表 3-4　不同跟驰模型的预测结果评价

类别			评价指标				
			MAE	MAPE	VAPE	RMSE	U
加速度	公交车跟随公交车	本书方法	0.53	1.07	3.35	2.1	0.41
		Edie 方法	0.68	1.62	7.01	3.08	0.33
		Gazis 方法	0.54	1.12	3.5	2.16	0.33
	小轿车跟随小轿车	本书方法	0.76	0.80	1.94	1.59	0.54
		Edie 方法	1.04	0.97	3.12	2	0.42
		Gazis 方法	0.92	0.92	2.25	1.74	0.44
	小轿车跟随公交车	本书方法	0.47	0.70	1.27	1.18	0.38
		Edie 方法	0.58	0.79	1.53	1.46	0.32
		Gazis 方法	0.59	0.90	1.98	1.66	0.31
	公交车跟随小轿车	本书方法	0.43	1.17	4.08	1.78	0.51
		Edie 方法	0.69	1.45	6.32	2.88	0.47
		Gazis 方法	0.51	1.79	18.67	4.64	0.31

续表 3-4

类别			评价指标				
			MAE	MAPE	VAPE	RMSE	U
减速度	公交车跟随公交车	本书方法	0.33	1.18	15.16	3.42	0.52
		Edie 方法	0.43	2.37	37.44	6.51	0.43
		Gazis 方法	0.41	1.90	17.19	4.52	0.41
	小轿车跟随小轿车	本书方法	0.53	1.73	5.93	3.06	0.56
		Edie 方法	0.64	2.11	6.2	3.24	0.49
		Gazis 方法	0.67	2.42	9.08	3.84	0.48
	小轿车跟随公交车	本书方法	0.35	1.53	2.08	0.95	0.69
		Edie 方法	0.44	2.57	58.12	7.97	0.34
		Gazis 方法	0.67	1.90	4.22	2.02	0.53
	公交车跟随小轿车	本书方法	0.42	1.75	22.1	4.91	0.43
		Edie 方法	0.52	2.18	40.05	6.63	0.35
		Gazis 方法	0.50	1.98	35.27	6.2	0.35

由表 3-4 可以看出本书提出的模型比 Gazis 模型与 Edie 模型在预测跟驰过程中的加（减）速度时具有更好的稳定性。Gazis 模型与 Edie 模型预测结果的对比中可以看出，在绝大多数情况下 Gazis 模型比 Edie 模型具有更好的稳定性与可靠性。然而，Edie 模型在预测小轿车跟随公交车的加速度、公交车跟随小轿车的加速度、小轿车跟随小轿车的减速度方面具有更好的稳定性。然而这种预测结果的稳定性并不能说明模型预测精度更为可靠，存在这种差异性是因为 Edie 模型需要拟合的参数较少，函数的预测值比较稳定。

3.5 本章小结

通过对现有车辆跟驰模型研究成果的分析对比，结合我国道路交通流特性，构建了适合我国快速路交通流特性的车辆跟驰模型。对调查数据的分析表明，不同交通流状态下车辆的跟驰率存在显著的差异性，因此对车辆跟驰数据的处理应结合不同的交通流状态进行分析。综合分析了现有对车辆跟驰行为的时间延迟性的研究成果，结合本书的研究需求，设定跟驰反应延迟时间为 1s。车头间距对车辆跟驰行为影响的研究结果表明，不同类型车辆在车辆跟驰时选择的车头间距存在显著的差异性，这种车头间距的差异性不仅会造成交通流量在车道上的分布不均匀，还是造成车道通行能力折减的主要原因之一。跟驰行为中不同类型车辆速度差异性的分析结果表明，因为前车驾驶行为的改变，导致的后车加（减）速度的变化也存在明显的差异性。这种加速度变化的差异性是造成道路交通流状态突变的主要原因之一。在对调查数据进行分析的基础上，选择非线性最小二乘回归分析方法对本书提出的跟驰模型进行参数拟合。为了对本书模型的适应性进行分析，将本书模型与 Edie 模型以及 Gazis 模型对车辆跟驰加（减）速度的预测结果进行对比，不同方法的预测结果表明本书所提出的车辆跟驰模型能够更好地描述我国快速路上车辆的跟驰行为。

4 快速路车辆换道模型研究

车辆离开当前行驶的车道选择相邻车道行驶的行为就是换道行为。车辆换道行为的分析是研究快速路通行能力的重要组成部分。实际上，车辆跟驰和换道行为分别描述了道路上的横向和纵向车辆之间的相互作用。由于车辆的换道行为受出行决策的影响，可以将车辆的换道行为分为两类：强制换道和自由换道。强制换道是指为了接近目的地而产生的换道，比如为了选择合适的转向车道，在交叉口入口道范围内发生换道。自由换道的主要动机是为了得到更好的驾驶环境，比如说为了得到更快的速度等。结合本书的研究目的，本章中主要对车辆的自由换道行为进行研究。本章首先研究了现有换道模型描述交通流换道行为的优缺点，构建了一个有效而便利的城市快速路车辆换道模型。其次，根据获取的城市交通流换道数据，分析了我国快速路交通流的换道偏好性以及车辆换道可接受间隙。最后，根据获取的车辆换道数据，对本书提出的车辆换道模型进行了标定，并将本书提出的模型与 Choudhury 模型进行了对比分析。

4.1 车辆换道模型构建

车辆的跟驰行为和换道行为是道路交通流中的两种最主要的驾驶行为。相对而言模拟车辆在当前车道上的跟驰行为是比较简单的，因为其唯一要考虑的是前车的速度和位置。然而，与跟驰模型不同，车辆的换道行为不仅受到同一车道的前后车辆的影响，还受到相邻车道的前后车辆的影响，而且还可能由此而产生交通冲突，因此车辆换道模型更为复杂。多年来，车辆的跟驰特性已经被广泛地进行了研究，对车辆的换道行为的研究却是到最近才受到足够多的重视。这主要有两个原因：一是车辆换道行为自身的复杂性。驾驶员的决策选择对车辆的换道行为存在显著的影响，不同类型的驾驶员（年龄、性别、驾驶经验等）和驾驶态度（冲动型、保守型）对车辆的换道行为也会产生显著的影响。二是因为缺少一种可以简单而有效地获取车辆换道行为数据的检测方法。

然而，近年来越来越多的研究者发现，车辆换道行为不仅是产生交通拥堵，妨碍城市交通拥堵疏散的主要原因之一，还是很多交通安全问题的主要原因之一。考虑到换道行为对交通安全和交通拥堵的显著影响，近二十年来，越来越多的研究者开始对车辆的换道行为进行研究。虽然不同的研究者基于不同的研究目的，提出了各种各样的模型。但是车辆的换道行为中不同车辆之间的关系基本是相同的，如图 4-1 所示。

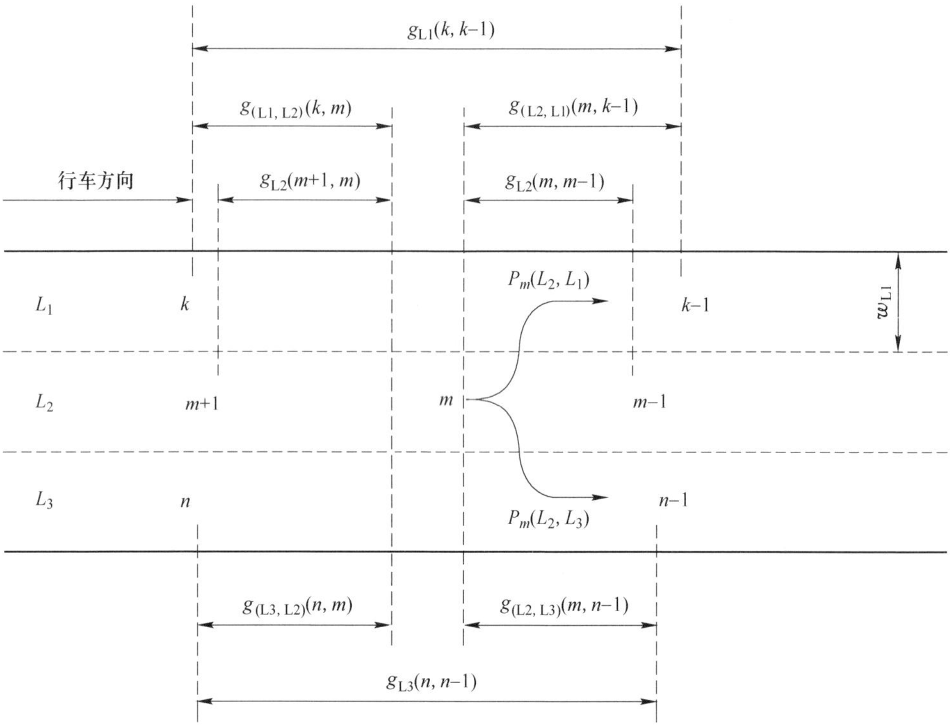

图 4-1　车辆换道模型基本参数关系

图中，w_{Li} 为路段 L_i 车道的宽度；$L_i(i=1,\ 2,\ 3)$ 为路段的第 i 车道；$g_{L2}(m+1,\ m)$ 为 L_2 车道上 $m+1$ 车与 m 车之间的车头间隔；$g_{L2}(m,\ m-1)$ 为 L_2 车道上 m 车与 $m-1$ 车之间的车头间隔；$g_{L3}(n,\ n-1)$ 为 L_3 车道上 n 车与 $n-1$ 车之间的车头间隔；$g_{L_1}(k,\ k-1)$ 为 L_1 车道上 k 车与 $k-1$ 车之间的车头间隔；$g_{(L2,\ L1)}(m,\ k-1)$ 为 L_2 车道上 m 车与目标车道 L_1 车道上 $k-1$ 车之间的车头间隔；$g_{(L1,\ L2)}(k,\ m)$ 为 L_1 车道上 k 车与目标车道 L_2 车道上 m 车之间的车头间隔；$g_{(L2,\ L3)}(m,\ n-1)$ 为 L_2 车道上 m 车与目标车道 L_3 车道上 $n-1$ 车之间的车头间隔；$g_{(L3,\ L2)}(n,\ m)$ 为 L_3 车道上 n 车与 L_2 车道上 m 车之间的车头间隔；$P_m(L_2,\ L_3)$ 为 m 车选择由 L_2 车道换道进入 L_3 车道的概率；$P_m(L_2,\ L_1)$ 为 m 车选择由 L_2 车道换道进入 L_1 车道的概率。

在实际情况下，在快速路路段行驶时，驾驶员进行换道选择的原因是希望获得一种更好的驾驶环境，在进行换道选择时，必然存在合适的车头间隔，不仅仅受到同一车道车辆之间车头间隔的影响，还受到相邻车道的车头间隔的影响。

自由的车道选择过程会有三个步骤：

（1）驾驶员决定选择换道行驶；

（2）驾驶员对换道的可行性进行分析；

（3）驾驶员选择合适的车头间隔完成换道行为。如图 4-1 所示，车道二上的车辆在决定进行换道时会根据车道一和车道三上的车辆行驶状况，选择合适的车道，然后根据所选车道上的车辆运行情况，分析该车道上车辆的车头间距，当满足换道条件时，车辆完成换道。

促使驾驶员进行车辆换道选择的因素有很多，但是最基本的内在因素是驾驶员希望获得一种更高效的驾驶体验。Gipps[140] 认为车速是衡量驾驶员车道选择的决定性因素，如果现有车道上的行车空间不能满足车辆的期望行驶速度，而在相邻车道上可以获得期望的行驶速度时就会选择换道行驶，驾驶员的期望车速如式（4-1）所示：

$$v_n(t+T)=b_nT+\left\{b_n^2T^2-b_n\left[2(x_{n-1}(t)-s_{n-1}-x_n(t))-v_n(t)T-\frac{v_{n-1}(t)^2}{\hat{b}}\right]\right\}^{1/2} \tag{4-1}$$

式中　$v_n(t+T)$——车辆 n 在 $t+T$ 时刻在前车 $n-1$ 影响下能得到的最大期望安全速度；

b_n——车辆 n 能承受的最大制动速度；

$\hat{b}$——车辆 n 估算的前车 $n-1$ 的制动速度；

T——更新速度和位置的时间步骤；

$x_{n-1}(t)-s_{n-1}-x_n(t)$——车辆 n 与前车 $n-1$ 之间的车头间隔；

$x_{n-1}(t)$——车辆 $n-1$ 在 t 时刻的位置，$x_n(t)$ 为车辆 n 在 t 时刻的位置；

s_{n-1}——车辆 $n-1$ 的车长；

$v_n(t)$——车辆 n 在 t 时刻的速度；

$v_{n-1}(t)$——车辆 $n-1$ 在 t 时刻的速度。

自 Gipps 创造性地提出了车辆的换道模型以来，Yang[141] 等研究者基于 Gipps 模型框架对其进行了扩展研究，这些研究在 CORSIM 等微观仿真软件中得到了应用。然而，Gipps 换道模型在实际调查数据的对比分析中受到了很大的挑战。Gipps 换道模型认为车辆换道选择的最主要的影响因素是车辆想要得到期望的行驶速度，然而在实际情况下影响驾驶员换道的因素有很多，如：不同车道的行驶偏好性、不同车道的交通流运行条件、车辆跟驰的意愿性等等。Ahmed[142] 等认为，影响驾驶员车辆换道的各种因素其实是对不同车道效用的一种评估集合，驾驶员通过对不同车道效用的比较来选择合适的车道。此时，驾驶员对车道的选择通过分析对比当前车道以及相邻车道的效用来选择最佳效用的车道行驶，对当前车道效用不满意概率的计算公式如式（4-2）所示：

$$P_t(DCNS \mid v_n) = \frac{1}{1 + \exp(-X_n^{DCNS}(t)\beta^{DCNS} - \alpha^{DCNS} v_n)} \tag{4-2}$$

式中　$DCNS$——驾驶员对现有车道的效用并不满足，从而比较当前车道与左右相邻车道的效用，以选择效用最大的车道行驶；

v_n——驾驶员 n 自身属性引起的随机误差变量，服从标准正态分布。

Choudhury[143]等人在 Ahmed 模型的基础上进行了改进优化，他们认为车辆的换道行为由两个部分组成，第一部分为换道的意愿部分，通过对不同车道的效用进行分析选择效用最大的车道进行换道。当选择了最大效用的车道后，还需要判断所选择的车道是否满足换道的条件，也就是说所选择的目标车道上是否具有满足车辆换道的车头间距。在 Choudhury 模型中，假设驾驶员在每一个离散的时刻都会进行换道，且假设驾驶员 n 在连续的时段 T_n 中的换道选择可以表述为：$[J_n(1), J_n(2), \cdots, J_n(T_n)]$。其中 J 为可选择的车道包括左侧（L）、右侧（R）和当前车道（C）三种类型，因此其可以用函数式表述为 $J \in \{L, R, C\}$。由以上假设可以得到驾驶员 n 进行车道选择的状态概率可以表述为式（4-3）所示：

$$\begin{aligned} P(\{J_{1n}, J_{2n}, \cdots, J_{tn}, \cdots, J_{T_n n}\} \mid v_n) &= \prod_{t=1}^{T_n} P(J_{tn} \mid v_n) \\ &= \prod_{t=1}^{T_n} P_t(L \mid v_n)^{\delta_{tn}^L} \Pr_t(R \mid v_n)^{\delta_{tn}^R} \Pr_t(C \mid v_n)^{\delta_{tn}^C} \end{aligned} \tag{4-3}$$

式中，$J_{tn} \in \{L, R, C\}$；δ_{tn}^L，δ_{tn}^R 和 δ_{tn}^C 均为功能函数，以 δ_{tn}^L 为例，其取值只有 0 和 1 两个值，当 δ_{tn}^L 取值为 1 时表示驾驶员 n 在 t 时刻选择左侧车道，否则其值为 0。

为了定量地描述不同驾驶员对于不同车道所提供的交通运行环境的感知，Choudhury 在 Ahmed 研究的基础上定量地提出了不同车道的效用函数。Choudhury 认为，不同驾驶员在进行车道选择时，无非是选择效用最大的车道。他将驾驶员 n 在 t 时刻对目标车道 l 的效用感知用式（4-4）描述：

$$U_{ltn} = V_{ltn} + \varepsilon_{ltn} \quad \forall l \in L_n \tag{4-4}$$

式中　U_{ltn}——驾驶员 n 在 t 时刻感知的目标车道 l 的效用；

V_{ltn}——目标车道 l 车道自身交通运行环境能够体现的效用值；

L_n——驾驶员 n 可选择的车道组合；

ε_{ltn}——驾驶员 n 在 t 时间对目标车道 l 因为自身属性变化而产生的随机误差变量，假设其服从标准正态分布。

目标车道自身的效用值可以由式（4-5）表述：

$$V_{ltn} = V(X_{ltn}, \boldsymbol{\beta}, \alpha^l, \boldsymbol{v}_n) \forall l \in L_n \tag{4-5}$$

式中 X_{ltn} ——目标车道 l 效用函数的解释变量；

$\boldsymbol{\beta}$ ——效用函数的解释变量对应的相关系数向量；

$\boldsymbol{v}_n$ ——驾驶员自身特性对车道 l 的效用产生的随机影响，假设 $\boldsymbol{v}_n \sim N(0, 1)$；

α^l ——驾驶员自身特性对车道 l 效用产生的随机变量。

Choudhury 认为影响目标车道自身效用的变量包括车道特性、车道上相邻的车辆特性以及行车计划等因素。描述车道特性的变量主要有车道密度、车道平均车速、车道上的车辆组成等。目标车道上相邻车辆的特性主要是指目标车道行车方向上与车辆处于相邻位置的车辆与自身的速度差、车头间距等。因为本书研究的是车辆自由换道的情况，并不考虑车辆进出匝道等强制换道的情况，因此不考虑行车计划等因素对目标车道效用函数的影响。最终得到目标车道的效用函数如式（4-6）所示：

$$V_{ltn} = \beta_0^l + \beta_1^l D_{ltn} + \beta_2^l v_{ltn}^{\text{avg}} + \beta_3^l \Delta X_{ltn}^{\text{front}} + \beta_4^l \Delta v_{ltn}^{\text{front}} + \alpha^l v_n \tag{4-6}$$

式中 β_0^l——目标车道 l 效用函数的固定项；

D_{ltn} ——目标车道 l 的交通流密度，PCU/km；

v_{ltn}^{avg} ——目标车道 l 的平均车速，m/s；

$\Delta X_{ltn}^{\text{front}}$ ——目标车道 l 上前车与车辆 n 的车头间距，m；

$\Delta v_{ltn}^{\text{front}}$ ——目标车道 l 上前车与车辆 n 的速度差，m/s；

其他参数含义同前。

假设不同车道效用函数的随机误差项的分布是各自独立的，Choudhury 结合式（4-3）得到目标车道 l 被选择的概率如式（4-7）所示：

$$P_{tn}(l_t \mid v_n) = \frac{\exp(V_{ltn} \mid v_n)}{\sum_{l_i \in L_n} \exp(V_{l_i tn} \mid v_n)} \forall l \quad (l_i \in L_n) \tag{4-7}$$

通过计算车道效用函数，得到概率最大的车道则为需要换道的目标车道，当本车道的选择概率值最大时表示车辆不进行换道，当选择了其他车道而需要进行换道时，则需要继续分析其他车道是否具有合适的车头间距来保证车辆换道的完成。在 Choudhury 模型中，当驾驶员选择了最佳效用的车道后需要分析所选车道的车头间距是否满足换道行驶的要求。当前车道的车头间距以及相邻车道的车头间距关系如图 4-1 所示。此时假设驾驶员在选择换道时均需要最小的前车车头间距和后车车头间距，也就是所谓的临界车头间距。临界车头间距不仅仅与不同类型的驾驶员有关，还与不同的道路交通条件相关。驾驶员 n 在 t 时刻的临界车头间距的计算公式如式（4-8）为：

$$G_n^{cr,g}(t) = \exp(X_n^g(t)\beta^g + \alpha^g v_n + \varepsilon_n^g(t)) \tag{4-8}$$

式中　g——包含了前车间距和后车间距两个部分；

α^g——随机参数 v_n 分别表述为前车间距和后车间距下的回归系数；

$\varepsilon_n^g(t)$——因为 g , t , n 等参数的变化而产生的服从标准正态分布的随机变量。

这种临界车头间距计算的指数形式保证了临界车头间距总是非负的。此时驾驶员 n 能接受某一车头间距的概率如式（4-9）所示：

$$\begin{aligned}
&P_t(\text{gapAcc} \mid v_n) = P_t(\text{leadgapAcc} \mid v_n)P_t(\text{laggapAcc} \mid v_n) \\
&= P(G_n^{\text{lead}}(t) > G_n^{cr,\ \text{lead}}(t) \mid v_n)P(G_n^{\text{lag}}(t) > G_n^{cr,\ \text{lag}}(t) \mid v_n) \\
&= P(\ln(G_n^{\text{lead}}(t)) > \ln(G_n^{cr,\ \text{lead}}(t)) \mid v_n)P(\ln(G_n^{\text{lag}}(t)) > \ln(G_n^{cr,\ \text{lag}}(t)) \mid v_n) \\
&= \Phi\left[\frac{\lg(G_n^{\text{lead}}(t)) - \beta^{\text{lead}}X_n^{\text{lead}}(t) - \alpha^{\text{lead}}V_n}{\sigma_{\varepsilon^{\text{lead}}}}\right] \times \Phi\left[\frac{\lg(G_n^{\text{lag}}(t)) - \beta^{\text{lag}}X_n^{\text{lag}}(t) - \alpha^{\text{lag}}V_n}{\sigma_{\varepsilon^{\text{lag}}}}\right]
\end{aligned} \tag{4-9}$$

式中　$G_n^{\text{lead}}(t)$——前车的临界车头间距；

$G_n^{\text{lag}}(t)$——后车的临界车头间距；

Φ——变量服从标准正态分布。

虽然 Choudhury 模型的成果在美国的 Microscopic Traffic Simulation Laboratory（MITSIMLab）仿真软件中得到了充分的利用。孙剑[144]等人却认为模型中在换道时车辆之间的相互作用以及不同类型驾驶员对换道选择的影响等方面考虑得较少。他根据不同的情景条件，设定当车辆换道是为了获得更好的驾驶速度时，其道路效用函数为如式（4-10）所示：

$$\begin{aligned}
V(LC) = {}&\beta_0 + \beta_1 \times D_{ist} + \beta_2 \times S_{pd1} + \beta_3 \times (S_{pd1} - S_{pd2}) + \beta_4 \times C_{gst} + \\
&\alpha_1 \times \text{DriverType}A + \alpha_2 \times \text{DriverType}B + \alpha_3 \times \text{DriverType}C
\end{aligned} \tag{4-10}$$

式中　D_{ist}——到下一个转弯路口的距离；

S_{pd1}——当前车辆的行驶速度；

$S_{pd1} - S_{pd2}$——当前速度与限速值之间的差值；

C_{gst}——目标车道的拥挤情况；

DriverType$A$——驾驶员宁愿保持在当前车道行驶以避免风险；

DriverType$B$——驾驶员在某些情况下会希望获得更好的驾驶条件，相比较前一类驾驶员而言，这个部分的驾驶员更希望通过换道行为来获得行驶速度的优越性；

DriverType$C$——驾驶员希望得到行驶速度的优越性，相比前两类驾驶员，这个群体的驾驶员更有野心。

此时，不同车道的选择概率的计算公式可以简化为式（4-11）所示：

$$P(LC) = \frac{e^{V(LC)}}{1 + e^{V(LC)}} \tag{4-11}$$

式中 $P(LC)$ ——驾驶员对目标车道的换道概率；

$V(LC)$ ——目标车道的效用函数，如式（4-10）所示。

孙剑等人的研究成果在 CORSIM（CORrider SIMulation）软件中得到应用。比较孙剑的换道模型与 Choudhury 模型可以发现，孙剑的换道模型在微观层面进一步细化了不同类型驾驶员的驾驶行为对换道行为的影响。对于驾驶员的分类，孙剑等通过驾驶员的背景信息调查和面对面讨论时的言语反应决定。这种分类方式在理论和逻辑上是可行的，毕竟不同类型驾驶员的驾驶行为是由自身的性格特点、教育背景等因素决定的。然而这种分类方式在实际应用中所需要面对的问题主要有：

（1）在一个新的地点，我们无法或者很难对道路上所有类型的驾驶员进行准确的分类，而且就算是同一类别的驾驶员在不同地区面对同一交通流状态的换道选择也不一定是一样的。虽然我们可以通过抽样调查的方式分析某一个地区所有驾驶员的总体分类情况，但是我们没有办法确定某一条道路上某一个时刻驾驶员的具体分类。也就是说，在实际应用层面上，我们很难对孙剑的换道模型进行数据标定。而在实际的数据调查分析中我们发现，虽然很难判断某一驾驶员属于哪一种类型，但是完全可以通过驾驶员对于不同效用函数解释变量的表现来体现驾驶员分类的影响；

（2）在实际换道数据调查过程中发现，车辆的换道行为不仅仅与目标车道前车之间的车头间距有关，还与目标车道上后车之间的车头间距密切相关。最极端的情况下，如果目标车道上存在一辆车与本车辆处于同一位置时是无法进行换道的；

（3）除了车头间距外，目标车道上后车的速度对换道行为也有非常重要的影响。因为在自由换道过程中，如果目标车道上后车与本车辆之间的车头间距不能满足后车车速正常行驶的安全间距时必然导致后车减速行驶，如果车头间距仍然不能保证后车以最大减速度行驶后处于安全间距时必然会导致交通事故的发生。

因此，结合 Choudhury 模型与孙剑的车辆换道模型，本书提出一种更为实用且切合实际情况的车辆换道模型的效用函数如式（4-12）所示：

$$V_{ltn} = \beta_0^l + \beta_1^l v_n + \beta_2^l v_{ltn}^{\text{avg}} + \beta_3^l D_{ltn} + \beta_4^l \Delta X_{ltn}^{\text{front}} + \beta_5^l \Delta v_{ltn}^{\text{front}} + \beta_6^l \Delta X_{ltn}^{\text{lag}} + \beta_7^l \Delta v_{ltn}^{\text{lag}} + \alpha^l v_n \tag{4-12}$$

式中 β_0^l——目标车道 l 效用函数的固定项；

v_n ——车辆 n 的当前车速，m/s；

v_{ltn}^{avg} ——目标车道 l 的平均车速，m/s；

D_{ltn} ——目标车道 l 的交通流密度，PCU/km；

$\Delta X_{ltn}^{\text{front}}$ ——目标车道 l 上前车与车辆 n 的车头间距，m；

$\Delta v_{ltn}^{\text{front}}$ ——目标车道 l 上前车与车辆 n 的速度差，m/s；

$\Delta X_{ltn}^{\text{lag}}$ ——目标车道 l 上后车与车辆 n 的车头间距，m；

$\Delta v_{ltn}^{\text{lag}}$ ——目标车道 l 上后车与车辆 n 的速度差，m/s；

β_i^l ——目标车道 l 效用函数不同解释变量对应的未知参数，$i = 1, 2, \cdots 7$。

其他参数含义同前。

由式（4-12）可以得到选择目标车道 l 进行换道的概率 $P(LC)$ 为：

$$P(LC) = \frac{e^{v_{ltn}}}{1 + e^{v_{ltn}}} \tag{4-13}$$

至此，车辆通过计算车道效用函数，得到概率最大的车道则为需要换道的目标车道，当本车道的选择概率值最大时表示车辆不进行换道，当选择了其他车道而需要进行换道时，则需要继续分析其他车道是否具有合适的车头间距来满足车辆换道的完成。车头间距计算公式如式（4-8）所示。

4.2　快速路车辆换道数据特性分析

车辆换道数据的采集是一个非常艰巨的任务，需要同时获取车辆的空间和时间信息，到目前为止还没有一个简单有效的方法来获取车辆的换道数据。不管是采用视频录制，还是采用航拍的方式都需要花费大量的人力，有鉴于此，本书提出了一种通过采用雷达的跟踪数据，绘制车辆时空运行轨迹图的方式来分析车辆的换道行为的方法。这种方法不仅可以分析车辆的换道次数，还可以用来研究车辆的换道持续时间，对车辆换道行为的研究具有重要的意义。

4.2.1　车辆换道选择的偏好性分析

车辆的换道行为与车辆的跟驰行为一样，都会受到道路交通流状态的影响。从图 4-2 中不同交通流状态下的车辆轨迹曲线可以看出，不同交通流状态下，车辆的换道行为也存在显著的差异性（图中数据内容与 3.1 节内容相同）。车辆换道行为频繁地发生在 C 级服务水平。当道路服务水平在 A 级和 B 级时，由于各个车道交通流流量都比较小，因此，各个车辆都趋向于使用本车道行驶。随着交通流流量的增加，由于各个车道流量分布的不均匀性，不同车道流量的增加率存在差异性，此时不同车道上的驾驶员为了寻找更好的驾驶体验，往往趋向于采用换道的方式。此后，随着交通流量的继续增加，当不同车道上流量分布差异性并不显著时，不同车道上平均车速、饱和度等虽然还存在分布差异性，但是因为流量的增加，各个车道已经很难出现合适的车头间距来满足车辆的换道行为。这就是为什么道路服务水平降低到 D 级以下后道路上的换道行为会急剧减少，此时车辆之间存在较强的相互影响，车辆处于跟驰状态。

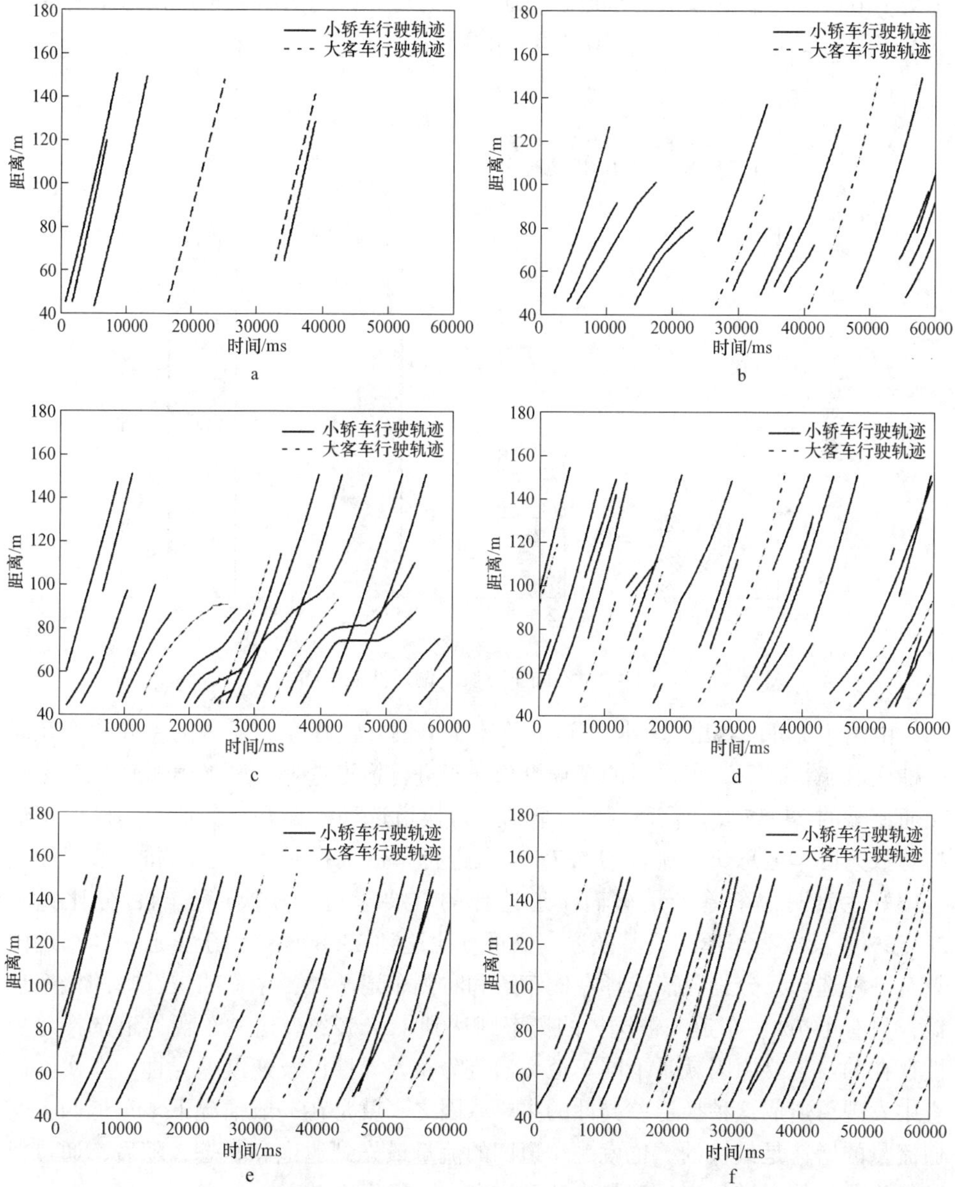

图 4-2　不同交通流状态下车辆行驶轨迹曲线

a—A 级服务水平下车辆行驶轨迹；b—B 级服务水平下车辆行驶轨迹；c—C 级服务水平下车辆行驶轨迹；d—D 级服务水平下车辆行驶轨迹；e—E 级服务水平下车辆行驶轨迹；f—F 级服务水平下车辆行驶轨迹

将 C 级服务水平下获取的车辆换道信息绘制成图 4-3 所示的车辆换道偏好性关系图。图中横坐标为各个车道的分类，纵坐标为各个车道中换道的车辆占本车道总交通流量的百分比。根据车辆的换道选择，将总换道百分比又可以细分为向左侧车道换道车辆的数量占车道总交通流量的百分比和向右侧车道换道车辆的数量占车道总交通流量的百分比两个类别。

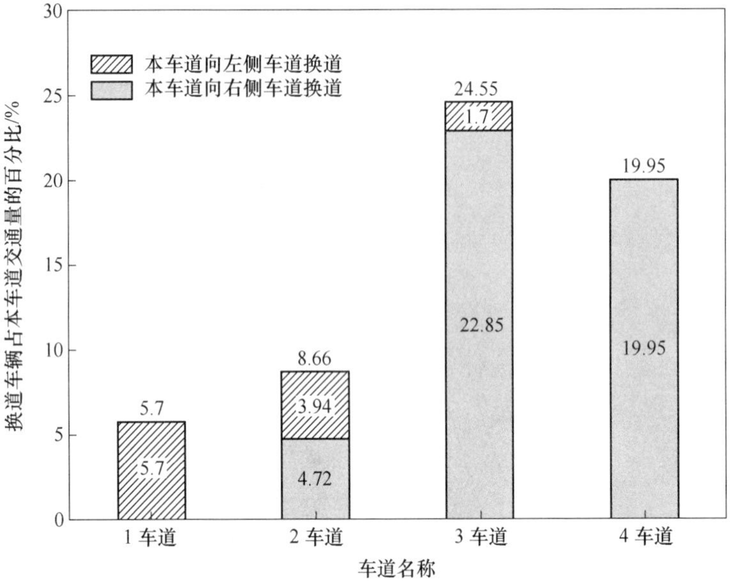

图 4-3　不同车道换道偏好性关系图

由图 4-3 可以看出，不同车道的整体换道偏好性存在着显著的差异性。在同一种交通流状态下，车道三的车辆更趋向于进行换道选择，其换道车辆总数占总交通流量的 24. 55%。车道一上的车辆进行换道选择的偏好性最低，其换道车辆的总数只占车道总交通流量的 5. 7%。在进行车道选择时，车道二和车道三的换道偏好性表明，车道二是车辆换道选择的首要车道，其换道车辆百分比达到 28. 55%，其次为车道三，其换道车辆百分比达到 23. 89%。由于车道一和车道四只有一种选择，分别只能选择左侧车道和右侧车道两种，车道四被选择的概率最低，只有 1. 7%，车道一被选择的概率则达到了 4. 72%。这种车辆换道选择差异性存在的最主要原因就是不同车道交通流分布差异性以及速度差异性。在实际调查中发现，造成这种换道差异性的主要原因之一就是在一般情况下，车道四上交通流量的增速是最快的，也就是车道四的流量最先到达饱和状态，随后，通过换道行为，其他车道的交通流量也达到饱和。

4.2.2　车辆换道的可接受间隙分析

车辆换道的可接受间隙考虑的是车辆选择目标车道进行换道时，目标车道上是否具有满足车辆换道的合适的车头间距。在实际情况下，车辆进行换道行驶时，除了要考虑到不同车道的效用函数，不同车道行驶的偏好性之外，还要考虑实现车辆换道的可能性，也就是说，需要考虑目标车道是否具有满足换道行驶的车头间距，这就是所谓的可接受间隙。如图 4-4 所示，如果目标车道不能提供合适的车头间距来满足车辆换道行为的要求，车辆是无法进行换道的。如果强制进行换道，必然会出现交通事故。

一般情况下，目标车道的可接受间隙包含两个方面，一方面是换道车辆与目标车道前车之间的车头间距是否满足车辆的换道需求，另一方面是换道车辆与目标车道后车之间的车头间距是否满足车辆的换道需求。如图 4-1 所示，换道车辆与目标车道前车之间的车头间距是指目标车道前车的尾部与换道车辆最前部分之间净空长度，换道车辆与目标车道后车之间的车头间距是指目标车道后车的最前部分与换道车辆尾部之间的净空长度。

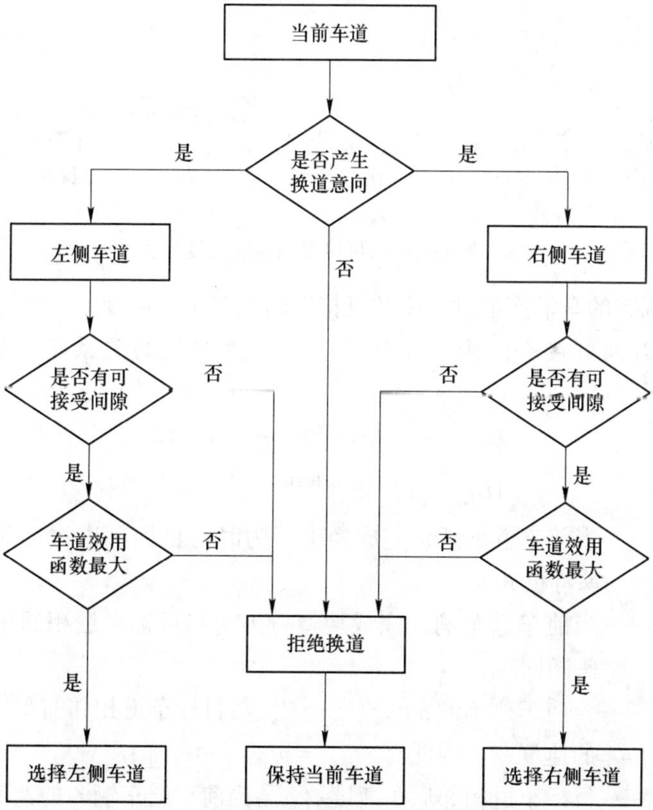

图 4-4 实际情况下的车辆换道过程

从实际的交通流数据采集的过程中可以发现，对于车辆换道时所需要的车辆净空来说，其取值的大小主要由换道车辆与目标车辆之间速度的差异性决定。根据车辆换道过程中获取的车辆换道可接受间隙以及换道车辆与目标车道车辆速度差异性之间的关系数据得到车辆换道可接受间隙与车速差异性关系图，如图 4-5 所示。图中横坐标的前车速度差指的是换道车辆的当前车速减去目标车道前车的车速值得到的速度差值，其单位为 m/s。后车速度差指的是目标车道后车的车速减去换道车辆的当前速度得到的速度差值，其单位同样为 m/s。图中纵坐标为换道过程中获取的换道车辆与目标车道上车辆之间的车头净间距。

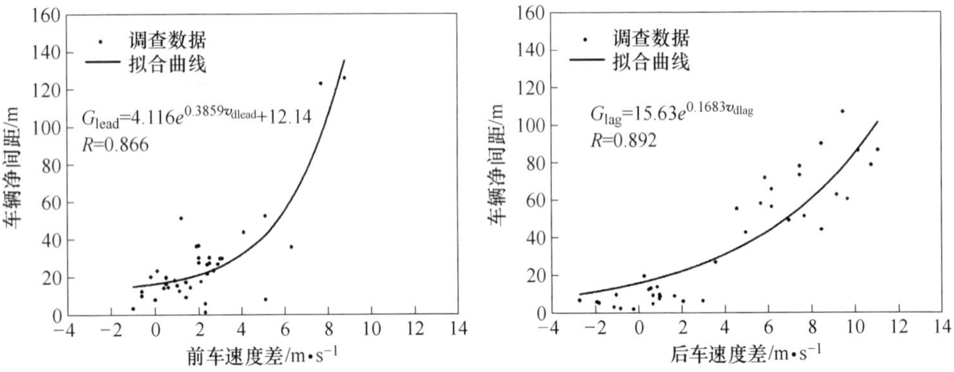

图 4-5　车辆换道的可接受间隙与速度差关系图

将实际调查的车辆换道过程中的可接受间隙与车辆速度差异性之间的数据进行拟合可以得到可接受间隙与车辆速度差异性之间的关系函数如式（4-14）所示：

$$\begin{cases} G_{lead} = 4.11e^{0.3859v_{dlead}} + 12.14 \\ G_{lag} = 15.63e^{0.1683v_{dlag}} \end{cases} \tag{4-14}$$

式中　G_{lead}——当前车道车辆 n 完成换道行为时与目标车道相邻前车之间的车头净间距；

G_{lag}——当前车道车辆 n 完成换道行为时与目标车道相邻后车之间的车头净间距；

v_{dlead}——当前车道车辆 n 的速度 $v_{subject}$ 与目标车道相邻前车速度 v_{lead} 之间的速度差，因此有 $v_{dlead} = v_{subject} - v_{lead}$；

v_{dlag}——目标车道相邻后车速度 v_{lag} 与当前车道车辆 n 的速度 $v_{subject}$ 之间的速度差，因此有 $v_{dlag} = v_{lag} - v_{subject}$。

由上式可以看出，在车辆换道的过程中，换道车辆对目标车道的车头间距的要求是不一样的。一般情况下，随着换道车辆与目标车道上前车的速度之间的差异性的增加，目标车道前车与换道车辆之间的车头净间距的增加速率会超过同等速度差增幅下的目标车道后车与换道车辆之间的车头净间距。

4.3　快速路车辆换道模型标定

由于车辆换道选择是一个二分的变量，也就是说，对于驾驶员来讲，要么选择目标车道完成换道行为，要么拒绝目标车道，车辆保持在现有车道行驶。因此，就无法利用线性回归模型来对车辆换道模型中的参数进行拟合分析。由 4.1 节内容可知，目标车道效用函数的概率选择函数为指数形式，因此车辆 n 在 t 时刻对目标车道 l 的换道概率可以转换如式（4-15）所示：

$$p_n(l_t \mid v_n) = \frac{1}{1 + e^{-V_{ltn}}} \tag{4-15}$$

则其在 t 时刻对目标车道 l 的拒绝换道的概率可以由式（4-16）所示：

$$1 - p_n(l_t \mid v_n) = \frac{1}{1 + e^{V_{ltn}}} \tag{4-16}$$

联立式（4-15）与式（4-16）可以得到目标车道效用函数的线性关系式，如式（4-17）所示：

$$\ln\left(\frac{p_n(l_t \mid v_n)}{1 - p_n(l_t \mid v_n)}\right) = V_{ltn} \tag{4-17}$$

这样就可以利用类似线性回归模型的最大似然估计方法来对效用函数进行拟合。对于实际的数据调查中获取的车辆换道数据样本总量假设为 N，假设每辆车换道行为的观测结果为 l_t，则对于给定效用函数 v_n 条件下接受换道行为的条件概率的计算公式如式（4-18）所示：

$$p_n = P(l_{tn} = 1 \mid v_n) \tag{4-18}$$

同样条件下，拒绝换道的条件概率的计算公式如式（4-19）所示：

$$P(l_{tn} = 0 \mid v_n) = 1 - p_n \tag{4-19}$$

由此，假设每辆车的换道行为是相互独立的，则可以得到车辆换道行为的联合分布函数如式（4-20）所示：

$$L(\theta) = \prod_{n=1}^{N} p_n^{l_{tn}} (1 - p_n)^{1 - l_{tn}} \tag{4-20}$$

对式（4-20）进行对数变换可得到式（4-21）：

$$\ln L(\theta) = \sum_{n=1}^{N} [l_{tn} \ln p_n + (1 - l_{tn}) \ln(1 - p_n)] \tag{4-21}$$

联立式（4-15）与式（4-21）可得到效用函数的求解公式，如式（4-22）所示：

$$\ln L(\theta) = \sum_{n=1}^{N} [l_{tn} V_{ltn} - \ln(1 + e^{V_{ltn}})] \tag{4-22}$$

此时对于式（4-22）中 V_{ltn} 的未知参数变量 $\beta_i^l (i = 0, 1, \cdots, 7)$ 可以分别对

每个变量求偏导数，然后联立方程，进行最大似然估计。将调查的 200 对换道数据分成两组，一组 100 对数据用于数据拟合，另一组 100 对数据进行不同模型的预测效果对比。本书模型的最终拟合结果如表 4-1 所示。

表 4-1　模型参数拟合结果

变　量	拟合结果	S. E.	Wals	df	Sig.	Exp（B）
β_1^l	0.593	0.014	3.572	1	0.009	1.809
β_2^l	0.117	0.103	1.297	1	0.025	1.124
β_3^l	−0.096	0.036	7.009	1	0.008	0.909
β_4^l	0.031	0.023	1.802	1	0.019	1.032
β_5^l	0.782	0.072	8.277	1	0.004	2.186
β_6^l	0.076	0.040	3.610	1	0.027	1.079
β_7^l	−0.128	0.244	0.275	1	0.000	0.880
β_0^l	−7.720	4.046	3.640	1	0.036	0.000

为了进行对比分析，将本书模型的拟合数据对 Chundhury 模型进行参数拟合得到如表 4-2 所示的结果。

表 4-2　Chundhury 模型参数拟合结果

变量	拟合结果	S. E.	Wals	df	Sig.	Exp（B）
β_1^l	−0.029	0.016	3.254	1	0.031	0.972
β_2^l	0.105	0.075	1.968	1	0.000	1.111
β_3^l	0.008	0.010	0.629	1	0.042	1.008
β_4^l	0.496	0.141	12.327	1	0.000	1.642
β_0^l	−3.777	2.803	1.816	1	0.017	0.023

表 4-1 与表 4-2 中 S. E. 列为预测变量的标准误差，Wals 列是对总体回归系数是否为 0 的卡方检验，df 列是卡方检验的自由度，Sig. 列为卡方检验后对模型中参数是否具有统计意义的评价指标。Exp（B）列是对拟合结果的指数形式，描述了其他条件不变的情况下，每个自变量改变 1 个单位时会引起的时间发生变化率。由于 sig 列值均小于 0.05，表明两种方法的参数在拟合过程中均有统计意义。

为了分析本书提出的车辆换道模型的可靠性，将其与经典的 Choudhury 车辆换道模型的预测效果利用 ROC 曲线进行定量对比分析。ROC 曲线就是所谓的受试者工作特征曲线（Receiver Operator Characteristic Curve）的简称。ROC 曲线是将敏感度与特异性以图示的方法结合在一起，根据一系列不同的二分类方式（分界值或决定阈），以真阳性率（敏感度）为纵坐标，假阳性率（1-特异度）为横坐标绘制的曲线。它能够准确地反映某种方法的特异性与敏感性之间的关系，是判断预测效果准确性的综合代表。也就是说，ROC 曲线中纵坐标敏感度是指实际为真的判断为真的概率，曲线横坐标特异度是指把实际为假的判断为假的概率，误判率是指将实际为假的判断为真值的概率，其值为 1-特异度。

将 ROC 曲线与斜 45°的直线对比，能非常容易地判断不同的预测判断方法对车道选择的预测能力，从而可以选择最佳的预测方法。通过将不同类型方法预测效果在 ROC 曲线与参考线之间形成的面积进行对比来判断不同方法的预测效果。面积越大表明预测的效果越好，也就是说 ROC 曲线的面积越大，得到模型预测结果的假阳性和假阴性的总数越少。ROC 曲线下的面积一般都在 0.5 至 1.0 之间，当 ROC 曲线面积大于 0.5 时，面积越接近 1 说明预测效果越好；当面积在 0.5 至 0.7 之间时，说明预测方法具有较低的准确性；当面积在 0.7 至 0.9 之间时，表明此预测方法具有一定的准确性；当面积大于 0.9 时表示此预测方法具有较高的准确性；当面积等于 0.5 时，表明此预测方法是无效的，当面积小于 0.5 时，表明此预测方法不符合实际情况。根据 100 对数据组进行标定分析，最终得到两种方法的 ROC 曲线如图 4-6 所示。

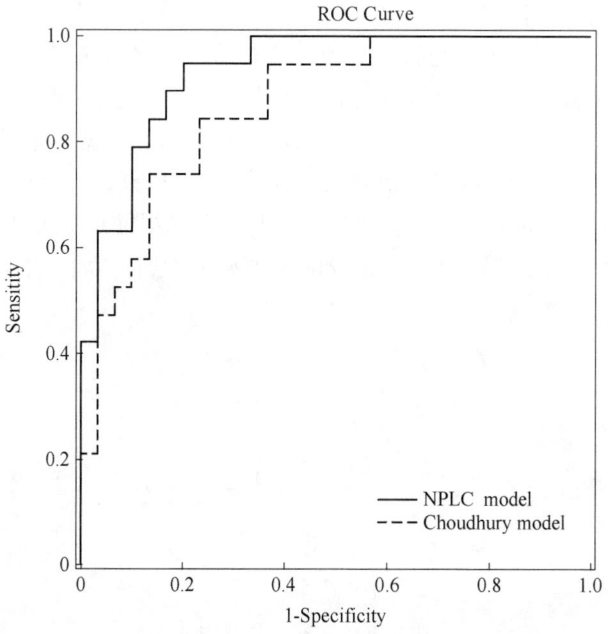

图 4-6　不同换道方法的 ROC 曲线关系

不同换道方法的 ROC 曲线预测结果如表 4-3 所示。

表 4-3　不同方法 ROC 曲线结果比较

检验结果变量	面积	标准误差 a	渐进 Sig. b	渐近 95% 置信区间	
				下限	上限
本书方法（NPLC）	0.933	0.033	0.000	0.868	0.998
Choudhury 方法	0.868	0.051	0.000	0.769	0.967

由表 4-3 可以看出，本书提出方法的 ROC 曲线面积为 0.933，Choudhury 提出的换道模型围成的 ROC 曲线面积 0.868，因此本书提出的方法比 Choudhury 方法在预测我国快速路交通流换道行为时具有更好的效果。

4.4　本章小结

在现有车辆换道模型研究成果的基础上，结合效用函数模型，构建快速路车辆换道改善模型。对采集的车辆换道数据的分析结果表明，与车辆的跟驰行为一样，车辆的换道行为也受到道路交通流状态的影响，其中换道行为最频繁的交通流状态是 C 级服务水平。对不同车道的换道偏好性的研究结果表明车道三与车道四之间的换道行为发生的最为频繁，这种不同车道的换道偏好性是造成不同车道交通流分布差异性的主要原因之一。不同类型车辆换道可接受间隙的分析结果则表明在车辆换道的过程中，换道车辆对目标车道的车头间距的要求是不一样的。一般情况下，随着换道车辆与目标车道上前车的速度之间的差异性的增加，目标车道上前车与换道车辆之间的车头净间距的增加速率会超过同等速度差增幅情况下的目标车道后车与换道车辆之间的车头净间距。以此数据为基础，最大似然方程被用来对快速路车辆的换道模型进行标定。为了分析模型的优劣，本章选择应用范围较广的 Choudhury 模型进行对比，并将预测结果使用 ROC 曲线进行对比分析。分析结果表明，本书模型比 Choudhury 模型更能适应我国快速路交通流的换道行为。

5 公交专用道间歇式优化管理对通行能力影响的理论研究

快速路路段通行能力的影响因素有很多，本章主要研究混合交通流的速度差异性对路段通行能力的影响以及实行公交专用道间歇式优化管理后快速路路段通行能力的变化。首先基于交通流基本图模型，从理论上分析了慢速车辆作为移动瓶颈带来路段通行能力的损失。结合实际调查数据，解释了公交专用道间歇式优化管理的研究动机，从理论上研究混合交通流对路段通行能力的影响，以及设置公交专用道可能带来的路段通行能力的提升效益。其次，分析了公交专用道间歇式优化管理的交通流特性，确定了公交专用道间歇式优化管理的交通运行条件。最后结合交通流基本图模型，从理论上研究了公交专用道间歇式优化管理对路段通行能力的影响。

5.1 公交专用道研究动机的理论分析

当路段上不同车道的交通流都是同质的（Homogeneous），也就是说不同车道上车辆的驾驶行为不存在显著的差异性的时候，路段最大通过能力与车道最大通过能力的交通流基本图模型可以如图 5-1 所示。

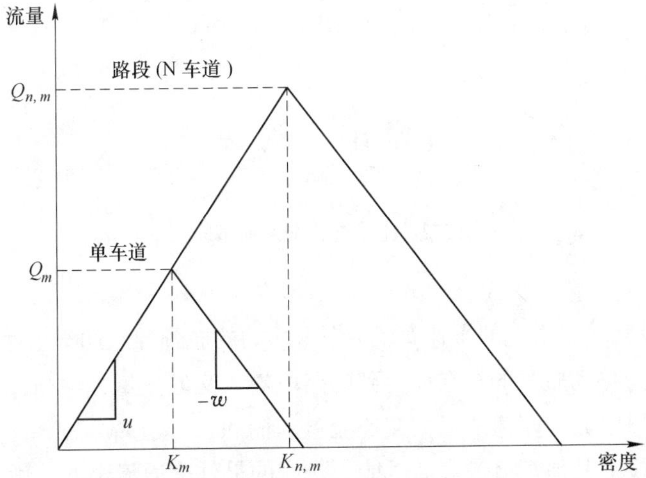

图 5-1 路段同质交通流基本图

图 5-1 中的参数含义为：

Q_m：单车道的理论最大交通流量，辆/h；

K_m：交通流基本图模型中最大交通流量对应的最佳交通流密度，辆/km；

u：单车道的自由流车速，km/h；

w：单车道上拥堵状态下的拥堵波速，km/h；

$Q_{n,\ m}$：N 车道路段上的理论最大交通流量，辆/h，因为假设 N 车道路段上车辆是同质的，因此路段的最大交通流量 $Q_{n,\ m} = N \times Q_m$；

$K_{n,\ m}$：N 车道路段上的最大交通流量对应的路段最佳交通流密度，辆/km，根据同质交通流的假设条件可知，路段上不同车道的车辆在自由流状态下行驶的速度均为 u，因此，路段最佳交通流密度 $K_{n,\ m} = N \times K_m$。

假设此时，路段上某一车道存在着一辆速度与其他车辆速度不一样的慢速车辆 i，其速度设为 v_i 且 $v_i < u$，此时车辆 i 上游的车辆仍然以速度 u 通过此车道，而在车辆 i 下游的车辆则因为慢速车辆 i 的存在最高以车速 v_i 通过此车道。此时不同速度车辆的存在会导致路段交通流是异相的（Heterogeneous），也就是所谓的混合交通流。因为慢速车辆引起的交通流基本图变化情况如图 5-2 所示。

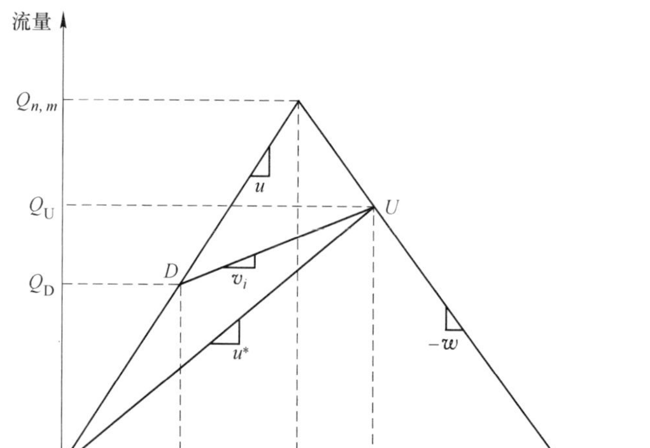

图 5-2　路段混合交通流基本图

图 5-2 中的参数含义为：

v_i：路段某一车道上的慢速车辆 i 作为移动的瓶颈导致的车道速度，km/h；

Q_U：因为移动瓶颈的存在而得到的路段最大交通流量，辆/h；

Q_D：路段上其他车道的最大交通流量，辆/h；

K_D：路段上其他车道最大通过能力对应的最佳交通流密度，辆/km；

K_U：路段交通流在移动瓶颈影响下达到最大交通流量时对应的最佳交通流

密度，辆/km；

u^*：路段交通流在移动瓶颈影响下产生的路段平均车速，km/h；

K_J：路段堵塞交通流密度值，辆/km，此时路段的交通流量为零；

其他参数含义同前。

此时根据图 5-2 的基本关系式可以得到路段上其他车道的最大交通流量 Q_D 的计算如公式（5-1）所示：

$$Q_D = (N-1)Q_m = \frac{N-1}{N}Q_{n,m} \tag{5-1}$$

由此根据图 5-2 可计算得到因为慢速车辆 i 的随机出现引起的车道最大交通流量 Q_U 与 Q_D 之间的关系如式（5-2）与式（5-3）所示：

$$K_J = Q_{n,m}\left(\frac{u+w}{uw}\right) = K_{n,m} + \frac{Q_{n,m}}{w} \tag{5-2}$$

式中：

$$K_{n,m} = \frac{(N-1)K_m}{N} \tag{5-3}$$

因此，因为慢速车辆 i 的随机出现引起的车道最大交通流量 Q_U 如式（5-4）所示：

$$Q_U = Q_D + \frac{K_J \times v_i \times w}{N(v_i + w)} = (N-1)Q_m + \frac{v_i + \left(\frac{v_i}{u}\right)w}{v_i + w}Q_m \tag{5-4}$$

因此，当每个路段出现慢速车辆时，各车道的流量密度变化关系如图 5-3 所示。

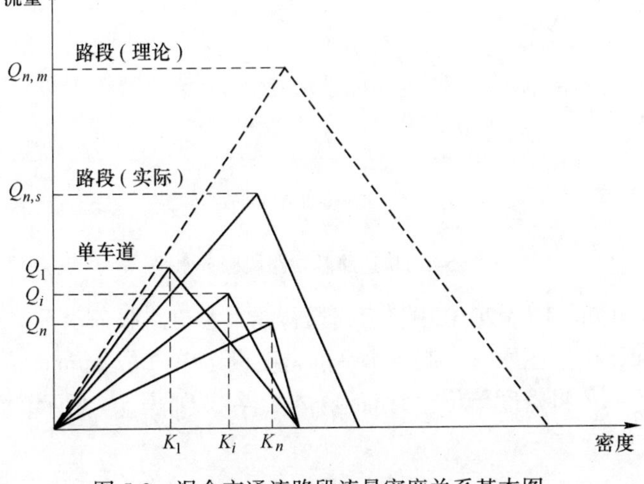

图 5-3 混合交通流路段流量密度关系基本图

由图 5-3 可以看出，因为慢行车辆引起的移动瓶颈的存在，此时路段最大交通流量已经不再是单纯的路段上每个车道的最大交通流量的总和。根据理论的关系图的线性关系可以得到路段理论最大交通流量 $Q_{n,\ m}$ 与路段实际最大交通流量 $Q_{n,\ s}$ 以及路段上每个车道最大交通流量的总和 $\sum_{i=1}^{n} Q_i$ 之间的关系为：$Q_{n,\ m} > \sum_{i=1}^{n} Q_i > Q_{n,\ s}$。

在实际交通流情况下，混合交通流对路段通行能力的影响可以从第 3 章的调查分析数据看出。路段上混合交通流对道路通行能力的影响不仅仅体现在不同类型车辆在不同车道上的分布，还体现在由于移动瓶颈的存在导致的不同车道上车速分布的不均匀性，这些不均匀性都导致了的车道通行能力差异性。

在通行能力手册（HCM2010）中，快速路的不同车道自由流限速情况下不同服务水平对应的理想通行能力关系如图 5-4 所示。

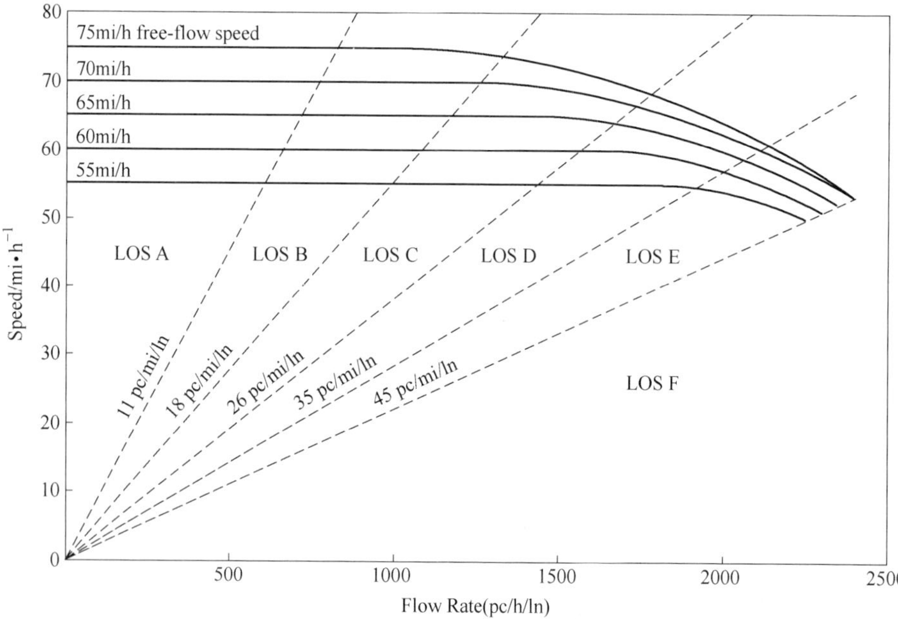

图 5-4　快速路基本路段服务水平

由图 5-4 可知，HCM2010 中将道路通行能力、道路服务水平、道路自由流速度结合在一起。由于图中对于服务水平的密度设定单位是 pc/mi/ln，为了与本书的计算单位统一，将密度单位化为 pc/km/ln，结果如表 5-1 所示。

表 5-1 道路服务水平指标

服务水平	HCM2010 中推荐的密度指标（pc/mi/ln）	标准化后密度指标（pc/km/ln）
LOS A	≤11	≤7
LOS B	>11~18	>7~11
LOS C	>18~26	>11~16
LOS D	>26~35	>16~22
LOS E	>35~45	>22~28
LOS F	>45 OR V_d/C > 1.0	>28 OR V_d/C > 1.0

根据 HCM2010 中快速路在理想条件下自由流速度为 100km/h 的设定，车道理想的最大交通流量值为 2300PCU/h，将实际调查得到的路段最大交通流量数据与 HCM2010 中推荐的车道理论最大交通流量数据进行对比，如图 5-5 所示。

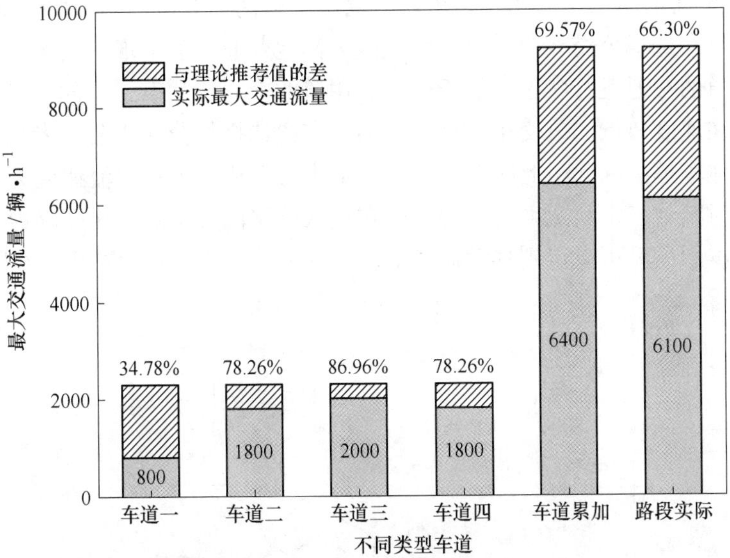

图 5-5 移动瓶颈对车道最大交通流量的影响

图 5-5 中横坐标为不同车道类型，纵坐标为不同车道对应的不同类型的最大交通流量值。由柱状图中不同车道最大交通流量的对比可以看出，移动瓶颈的存在会导致车道最大交通流量与理想中的车道最大交通流量推荐指标之间存在较大的差异性。车道一的实际最大交通流量仅为理论推荐值的 34.78%，而车道三的实际最大交通流量则能达到理论推荐值的 86.96%。路段实际的最大交通流量仅达到了理论推荐值的 66.3%。正如图 5-3 中的分析结果，因为不同车道交通流差异性，路段实际最大交通流量是小于路段每条车道最大交通流量的累加的，最大交通流量的折损达到了实际路段最大交通流量的 5%左右。

因此，为了提升城市快速路的通行能力，减少公交车等大型车辆产生的移动瓶颈对城市道路通行能力的降低，有必要设置公交专用道为公交车提供通行空间。由于运营管理措施的不同，快速路上大车的总量也是不同的。为了充分利用这种专用通道的通行能力，单独设置的公交专用道不仅仅可以满足公交优先的需求，还允许私家车通过缴纳一定的费用来充分利用此车道的剩余通行能力。交通管理者则可通过设置不同的收费费率调整进入公交专用道的私人交通流量，以保证公交专用道具有较高的服务水平。通过动态地调整车辆的收费费率来保证公交专用道的服务质量。在极限状况下，当收费的费率超过了某阈值后，此车道为公交专用道。

5.2　公交专用道间歇式优化管理的交通条件分析

对于长度为 L 的快速路 L_0 至 L_1 路段，假设设定了一条车道作为间歇式公交专用道，当 T_0 时刻公交专用道上出现一辆慢速车辆 i 以速度 v_i 通过此路段时，考虑到私家车在选择公交专用道时必然是因为其他普通车道出现了交通拥堵或者至少普通车道的交通运行状态远低于公交专用道的交通流状态。因此，虽然公交专用道上存在速度较低的公交车，私家车还是宁愿选择付费使用公交专用道，而不会换到其他车道。因此，此时在公交专用道上会形成最大自由流速度为 v_i 的移动瓶颈，此时其他自由流速度为 u 的车辆在进入此路段后均需将速度降为 v_i ，结合交通流基本图模型可以得到移动瓶颈效应引起的排队消散过程如图 5-6 所示。

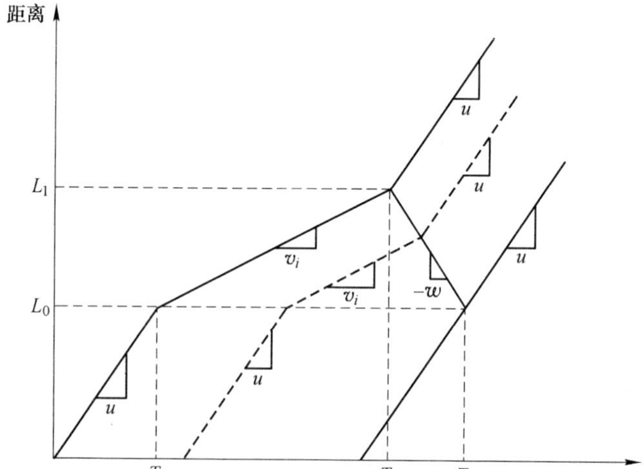

图 5-6　移动瓶颈引起的排队消散过程

在图 5-6 所示的快速路路段上，间歇式公交专用道上因为慢速车辆 i 引起的排队消散时间 T 计算如式（5-5）所示：

$$T=(T_2-T_1)+(T_1-T_0)=\frac{L_1-L_0}{v_i}+\frac{L_1-L_0}{w}=\frac{(L_1-L_0)(v_i+w)}{v_i\times w} \tag{5-5}$$

此时，假设公交专用道上连续出现的慢速车辆 i 与 $i-1$ 之间的车头时距为 H，当公交专用道上慢速大车的车头时距 H 与排队消散时间 T 之间的关系为 $H\leqslant T$ 时，此时公交专用道上车辆的时空轨迹如图 5-7 所示。

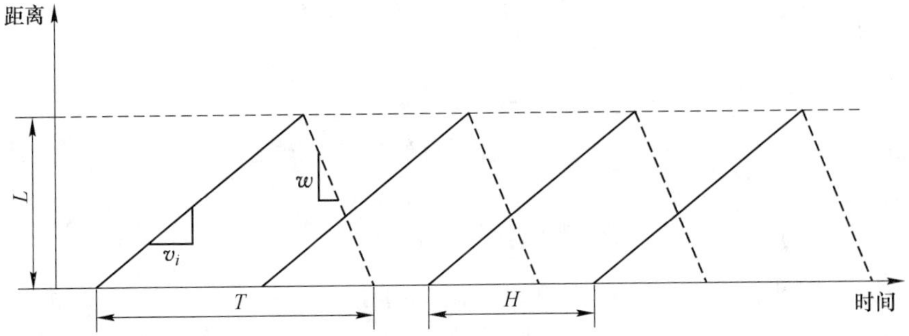

图 5-7 公交专用道上慢行车辆的时空轨迹（一）

此时路段上车辆的平均车速为 $\bar{v}_H=v_i$，则可以得到路段车辆的平均通行时间如式（5-6）所示：

$$\bar{T}_L=\frac{L}{v_i} \tag{5-6}$$

此时长度为 L 的公交专用道上慢速大车的存在引起的车道最大交通流量的计算公式如式（5-7）所示：

$$Q_H=K_H v_i \tag{5-7}$$

式中 K_H ——保证公交专用道交通运行状态时需要限定的最佳交通流密度。

当公交专用道上慢速大车的车头时距 H 与排队消散时间 T 之间的关系为 $H>T$ 时，此时公交专用道上车辆的时空轨迹如图 5-8 所示。

此时长度 L 的公交专用道上受慢速公交车发车间隔影响下的车道平均车速如式（5-8）所示：

$$\bar{v}_H=\frac{T}{H}u+\frac{H-T}{H}v_i \tag{5-8}$$

此时路段车辆的平均通行时间如式（5-9）所示：

$$\bar{T}_L=\frac{L}{\frac{T}{H}u+\frac{H-T}{H}v_i} \tag{5-9}$$

慢速公交车的存在引起的车道通行能力如式（5-10）所示：

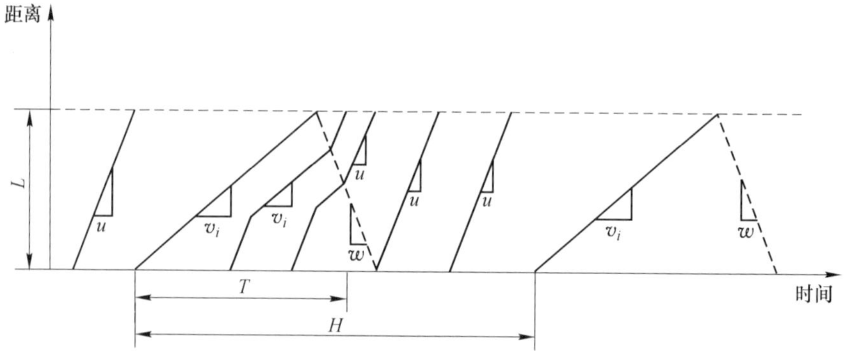

图 5-8　公交专用道上慢行车辆的时空轨迹（二）

$$Q_{\mathrm{H}} = \left(\frac{T}{H}u + \frac{H-T}{H}v_i\right) \times K_{\mathrm{H}} \tag{5-10}$$

由式（5-7）和式（5-10）可以看出，由于公交专用道上慢速车辆的存在，会导致公交专用道最大交通流量减少，同时造成路段行程时间的增加。在实际情况下，出行者对于公交专用道选择的最主要动机就是减少在此路段上的行程时间，由此可以知道，当公交专用道的道路服务水平偏低时，公交专用道的设置就起不到其应有的作用。特别是在式（5-10）中，当慢速车辆的发车频率过大时，导致路段上 $H < T$ 时出现 $\frac{T}{H}u + \frac{H-T}{H}v_i < v_i$ 后就会导致车道上的行程时间会过长，导致公交专用道失去了原有的效能。

当道路交通量不断增加时，路段上的车辆平均速度会降低到一个接近不稳定的临界状态，此时对应的道路临界交通量一般在 2000 到 2100 辆/小时/车道。当车道交通流量低于临界交通量时车道平均速度每降低 24139. 5m/h 时道路交通流量能降低至 1300 辆/小时/车道。相关研究认为，公交专用道需要保持的路段行程车速应该在 45mph 以上，此时车道的服务水平保持在 C 级以上。这种管理要求也被作为本书中对公交专用道间歇式优化管理的交通运行条件。

5.3　公交专用道间歇式优化管理对路段通行能力的影响研究

对于设定了公交专用道间歇式优化管理的快速路路段，在本书设定的研究条件下，所有的提供公共交通运输服务的车辆都可以免费使用此车道，也就是说，针对本书研究的快速路车型分布来说，当允许社会车辆使用公交专用道的剩余通行能力时，快速路上只有间歇式公交专用道上的交通流是混行的。与此同时，快速路其他车道上反而只有小轿车行驶，变成了同质交通流。假设在交通流基本图模型中，同质交通流的驾驶行为是一样的，则可以得到公交专用道间歇式优化管理路段的交通流基本图关系如图 5-9 所示。

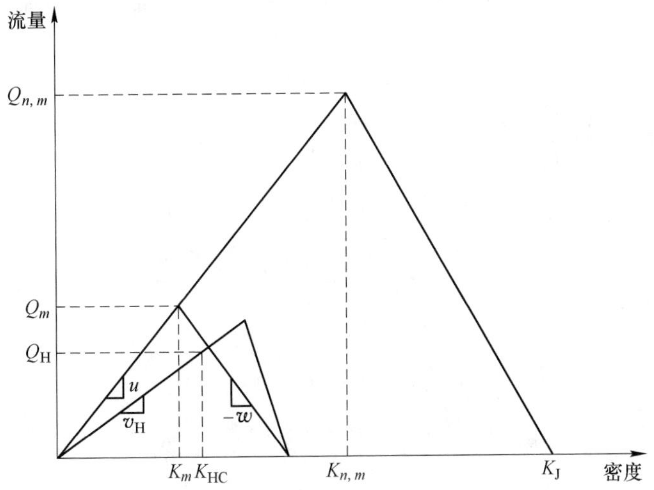

图 5-9 公交专用道间歇式优化管理后的路段交通流基本图

图 5-9 中的基本参数：

$\bar{v}_H$：公交专用道的平均车流速度；

K_{HC}：公交专用道上 C 级服务水平对应的交通流密度；

Q_m：车道 i 的最大交通流量，因为设置公交专用道后，快速路其他车道已经变为同质交通流，所以假设不同车道的最大交通流量是相同的；

K_m；车道 i 最大交通流量时对应的最佳交通流密度；

$Q_{n,m}$：N 车道路段的最大交通流量；

$K_{n,m}$：路段最大交通流量时对应的最佳交通流密度。

因为公交专用道间歇式优化管理的交通流运行条件设定在 C 级服务水平，因此，对于公交专用道来说，其最大交通流量也就是稳定在 C 级服务水平对应的通行能力值。因为公交专用道与路段其他车道是隔离开来的，这就保证了公交专用道与其他车道之间不存在交通流混行导致的交通流量分布差异性以及速度分布差异性等情况。此时，设置公交专用道路段的最大交通流量计算公式如式（5-11）所示：

$$Q_{n,m} = (N-1)Q_m + Q_H \tag{5-11}$$

式中 $N-1$——快速路设置间歇式公交专用道后其他车道的数量；

Q_H——公交专用道 C 级服务水平下对应的车道最大交通流量，因为公交专用道与其他车道是隔离开来的，因此公交专用道 C 级服务水平下对应的车道最大交通流量也是一个相对固定值，数值大小仅受到公交专用道上慢行大车的车头间隔的影响。

根据公交专用道上公交车车头时距的变化情况，联立式（5-7）、式（5-10）

与式（5-11）可以得到快速路在设置公交专用道后路段最大交通流量如式(5-12)所示：

$$Q_{n,m} = \begin{cases} (N-1)Q_m + v_i K_{HC} & (H \leqslant T) \\ (N-1)Q_m + \left(\frac{T}{H}u + \frac{H-T}{H}v_i\right) \times K_H & (H > T) \end{cases} \tag{5-12}$$

此时，路段上车辆的平均运行速度如式（5-13）所示：

$$\bar{v} = \frac{(N-1)Q_m \times u + Q_H \times v_H}{Q_{n,m}} \tag{5-13}$$

式中：

$$v_H = \begin{cases} v_i & (H \leqslant T) \\ \frac{T}{H}u + \frac{H-T}{H}v_i & (H > T) \end{cases}$$

式中参数含义同前。

此时，对于长度 L 公交专用道采用间歇式优化管理的快速路上车辆的平均行程时间如式（5-14）所示：

$$\bar{T}_L = \frac{L}{\bar{v}} \tag{5-14}$$

式中参数含义同前。

根据本书的理论分析可以知道，将预定的交通流运行数据代入式（5-12）就可以得到公交专用道间歇式优化管理后路段平均车速、平均行程时间、最大交通流量等路段交通流数据变化的理论结果。如果想得到更精确的交通流数据变化则需要进一步对其进行分析。

5.4　本章小结

本章从理论上阐明了公交专用道的研究动机，分析了公交专用道的交通流特性以及公交专用道设置对路段通行能力的影响情况。由于快速路上的车辆处于混合交通流状态，不同车道上的慢速车辆会形成移动瓶颈。这种移动瓶颈会导致车道通行能力的降低幅度最高达到 50%。因此，为了提升城市快速路的通行能力，充分发掘城市快速路的潜能，减少因为车辆混行造成的通行能力损耗，非常有必要在城市快速路上设置公交专用道。理论的分析结果表明，公交专用道采用间歇式优化管理的好处有两个方面：一方面，快速路设置公交专用道后，其他车道上的交通流将由混合流变为同质流，可以提高其他车道的通行能力。另一方面，通过公交专用道间歇式优化管理，在保证公交优先的同时，还能通过收费的方式，满足特殊需求的车辆快速通过此路段，可以充分利用公交专用道的通行能力。

6 基于 CTM 的快速路通行能力仿真分析

为了对快速路的通行能力进行仿真分析，本章基于经典的元胞自动机模型，结合本书提出的车辆跟驰、换道模型，构建了一个新的交通流仿真模型，来分析快速路通行能力的变化机理。首先分析了快速路通行能力仿真的整个过程，其次设定了快速路车辆的运行模拟规则，包括车辆的跟驰规则、换道规则、随机波动规则等。根据获取的快速路交通流数据，对仿真体系的仿真效果进行了分析。最后，根据公交专用道间歇式优化管理所需的交通运行条件，对公交专用道间歇式优化管理后通行能力的波动情况进行了模拟分析。

6.1 仿真过程分析

作为研究和评价道路通行能力的重要技术手段，到目前为止已经涌现了大量的微观交通流仿真软件，如 Vissim、Paramics、Aimsun 等。相比较于这些成熟的商业交通流仿真软件，以离散时空状态变量来描述道路车辆运行规律的元胞自动机模型因为自身的有限离散特性，在模拟实际交通流的复杂自组织系统行为分析交通流的时空变化特性，揭示道路通行能力变化机理等方面得到了很多研究者的关注和青睐。

经典的元胞自动机模型实质上是一种由有限状态的离散元胞组成的元胞空间按照一定的规则在离散的时间维度上演化的动态系统。在元胞自动机模型中，空间被一定形式的规则网络分割成许多单元，这些规则网络中的每一个单元都被称为元胞，并且只能在离散状态下取值。元胞自动机模型的有限离散特性不仅可以避免这些商业软件在模拟实际交通流状态时出现的离散-连续-离散的近似过程[130]，能够保留实际条件下的复杂交通流的离散非线性特征，还能通过灵活地修改各类驾驶规则来使得交通流的仿真能够解释各类特殊的复杂交通流演化规律。因此，与一般的交通流模型相比，元胞自动机模型不仅可以描述实际交通流的动态系统复杂性行为，更能轻易地根据特定的交通情景设定相应的规则来揭示不同交通现象的物理本质。

自 1983 年 Wolfram 在交通流基本图框架下提出了著名的 184 号模型，用来模拟道路交通自由流相与局部拥堵相的相变特性以来，研究者针对不同的研究目的提出了各种单车道的、多车道的、复杂网络的元胞自动机模型，包括 Nagel-Schreckenberg（NaSch）模型、Fukui-Ishibashi 模型、车辆慢启动模型、速度效应模型、刹车灯模型等等。这些模型中，道路被划分成连续的等间距的元胞，每个元胞长度在传统的元胞自动机模型中一般取 7.5m，约为一个车长，其他的一些新提出的更为精细的模型中，将元胞长度取为 1/5 车长，约 1.5m。此时，系统演化的时间被离散成接连等长的时间步，通常时间步长取为 1s[145~148]。

在交通流元胞自动机模拟理论发展的过程中，基本图方法体系获得了相当大的成功，利用基本图方法体系下的元胞自动机模型，研究者研究了真实交通流中的一系列特定的交通流扰动、亚稳态、迟滞、堵塞、非线性波的传播等现象。然而，这些模型很难模拟出实际交通流相变的时空特性。因此，德国学者 B. S, Kerner 在以德国 1996~2000 年的高速公路实测数据为对象进行分析的过程中发现，实测的拥挤交通流的流量-密度数据图中，数据点呈现一种二维散布的状态，在去除掉宽运动堵塞的数据点后其余数据点仍呈现二维分布，Kerner 等人将这些数据点代表的交通流状态定义为同步流状态。这就是所谓的三相交通流理论。2002 年 Kerner，Klenov 和 Wolf 发表在 Journal of Physics A 的论文 Celluar automata approach to three-phase traffic theory 中提出了完整的使用元胞自动机模拟三相交通流的仿真规则，简称 KKW 模型[149]。经典的 NaSch 交通流基本图模型与 KKW 模型线性形式的基本图如图 6-1 所示。

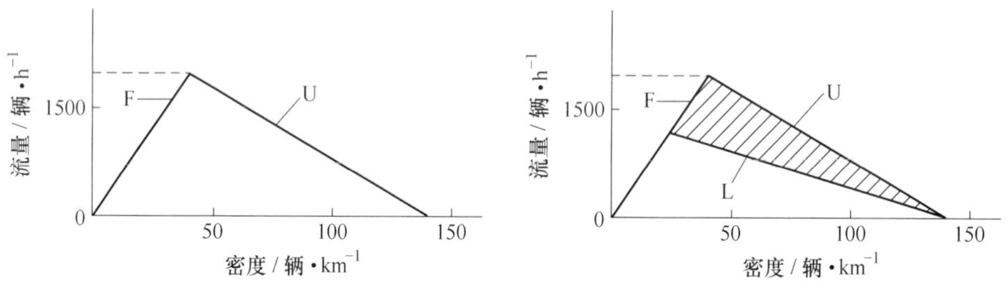

图 6-1　NaSch 模型与 KKW 模型线性形式的基本图

a—NaSch 模型基本图；b—KKW 模型线性形式基本图

三相交通流理论中，道路交通流状态与基本图模型相似，均设定为畅行和拥挤两种状态。其中，畅行状态与基本图理论体系中自由流状态（Free Flow，简称“F”）相似，即图 6-1 中 F 对应的状态，此时所有车辆均能以最大的速度行驶，车辆之间的相互影响较小。所谓的拥挤状态是指道路交通流的平均车速明显低于自由流下可能的平均速度，此时车辆间存在着明显的相互影响，从而呈现出明显复杂的时空动态特性。三相交通流中的拥挤状态则与基本图理论体系中的拥挤状态不同，进一步将道路交通流拥挤状态细分为同步流（Synchronized Flow，简称“S”）和宽运动堵塞状态（Jams，简称“J”）。

由图 6-1 可以看出，在三相交通流理论中自由流相和宽运动堵塞相与基本图理论体系中的自由流和堵塞基本相似，其余的就是所谓的同步流。同步流与宽运动堵塞均属于拥挤流，主要的区别在于，同步流并不是一种中断的交通流，仍然具有较高的流量，但是相比于自由流，其速度相对较低，密度较高，这种交通流状态下，车辆通过选择合适的车道从而使得不同车辆的速度达到同步，这就是所谓的速度同步的效应。近年来，由于三相交通流理论对实际交通流状态近乎完美的解释，三相交通流理论的研究到了快速的发展。本书将以此为基础，融合本书提出的快速路车辆跟驰、换道模型，构建了新的微观交通流仿真体系，来分析快速路通行能力的变化机理。本章提出的交通流元胞自动机仿真模型通过 Matlab（版本：R2013）实现，具体仿真体系的流程如图 6-2 所示。

整个仿真以仿真参数设定、情景设置开始，初始化道路上交通流状态，仿真过程及每次仿真的迭代包括：

（1）确定道路交通流状态，确定每辆车的状态参数包括：自身属性、速度以及每辆车设定在道路上的位置。车辆的属性有：车辆类型（大型车、小型车）、车辆尺寸、车辆加速度属性等。

（2）车辆换道选择判断，当车辆状态满足换道条件时，更新车辆位置参数。

（3）车辆跟驰，根据车辆状态参数和跟驰规则，更新车辆状态参数，包括速度、加速度、位置等。

（4）当更新的车辆状态参数符合检测条件时，更新检测器统计数据。

（5）将更新的车辆位置与车道长度进行对比分析，当车辆位置超过了车道长度时，重新更新车辆位置数据，使得车辆由道路的另一端进入仿真系统，从而变成系统中的尾车。根据此周期性边界条件形成的闭环仿真示意图如图 6-3 所示。

（6）判断是否满足仿真停止的条件，当符合仿真停止条件时，停止交通仿真。否则，更新仿真时钟，进入下一个阶段的仿真迭代过程。

总的来说，基于元胞自动机的交通流仿真是一个基于时间的离散过程。车辆的跟驰、换道行为均以固定的时间间隔来实现。为了使仿真数据与实际的交通流检测数据统一，本书将仿真时间步长设定为 1s。

6.2 交通流仿真规则

本节将基于本书构建的快速路车辆跟驰、换道模型，提出符合我国快速路实际交通流运行规则的元胞自动机模型仿真规则。考虑到本书的研究以及第 6 章中对采用公交专用道间歇式管理后自身交通流特性的研究成果，本节在建立元胞自动机的仿真规则时分别从普通车道的交通流模拟和间歇式公交专用道的交通流模拟这两个方面进行考虑。

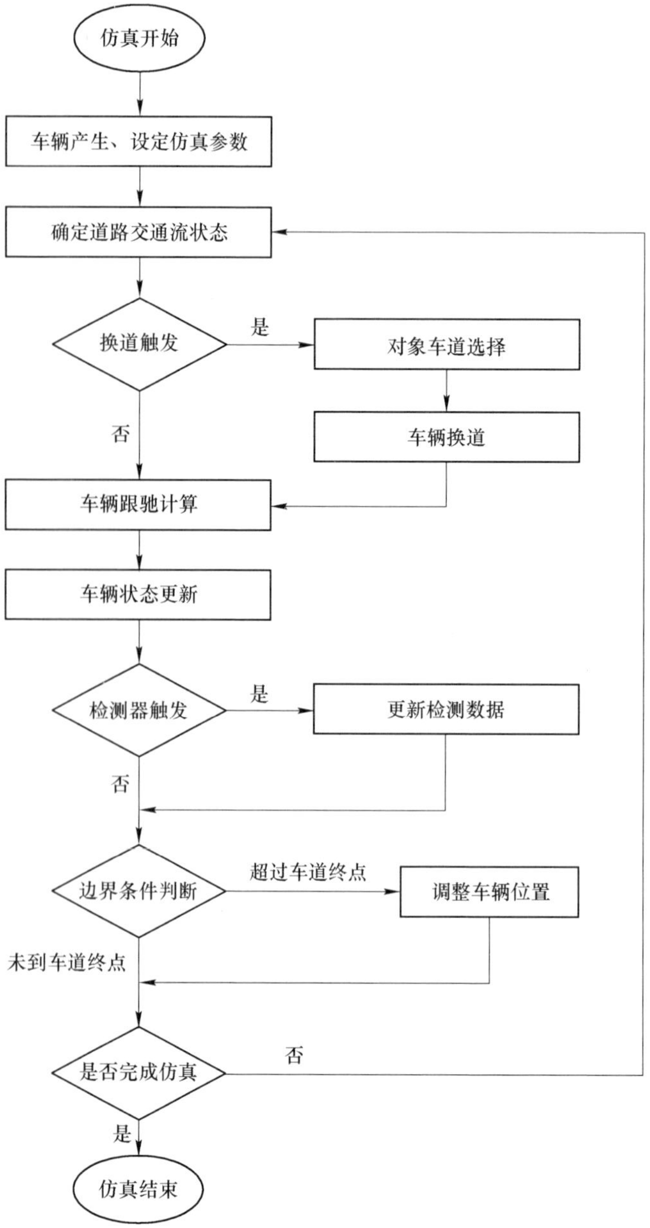

图 6-2　交通仿真基本流程图

仿真模型的演化规则主要有：

6.2.1　跟驰规则

在本书设定的跟驰规则下，对于离散的时间间隔 $t = n\tau$，$n = 0, 1, 2, \cdots$，

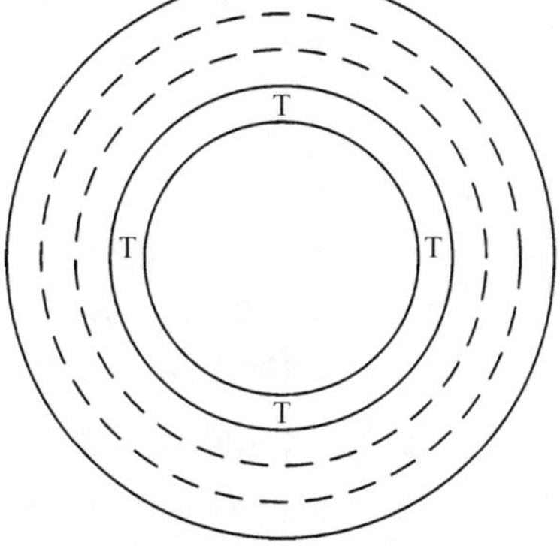

图 6-3 道路通行能力的闭环仿真示意图

元胞在第 $n+1$ 仿真步长的位置和速度与第 n 仿真步长的位置和速度之间的关系如式（6-1）所示：

$$f(v,\ x) \triangleq \begin{cases} v_{n+1} = \max(0,\ \min(v_{free},\ v_{s,\ n},\ v_{c,\ n})) \\ x_{n+1} = x_n + v_{n+1}\tau \end{cases} \tag{6-1}$$

式中 τ ——仿真的步长；

x_n ——第 n 仿真步长的车辆位置；

x_{n+1} ——第 $n+1$ 仿真步长的车辆位置；

v_{free} ——车辆的最大自由行驶速度，会受到车辆自身性能和车道的最高限速影响；

$v_{s,\ n}$ ——车辆为了避免碰撞的安全车速，安全速度由车辆 n 的位置 x_n 与前车位置 $x_{l,\ n}$ 以及车辆长度 d 之间的间距决定，$v_{s,\ n} = (x_{l,\ n} - x_n - d)/\tau$；

$v_{c,\ n}$ ——根据车辆跟驰过程确定的速度 $v_{c,\ n} = v_n + \ddot{x}_{n,\ t,\ l}$，$\ddot{x}_{n,\ t,\ l}$ 是车辆跟驰过程中确定的加（减）速度，根据第 3 章的研究成果，车辆跟驰过程中根据不同跟驰类型最终确定的车辆跟驰加（减）速度如式（6-2）所示。

$$\ddot{x}_{n,\ t,\ l} = \begin{cases} \overline{a_{n,\ l,}}\ ,\ state = 1 \\ \beta_{0,\ l} \times (x_{n-1,\ t-\Delta t} - x_{n,\ t-\Delta t} - L_{n-1})^{\beta_{1,\ l}} \times \left(\dfrac{\dot{x}_{n-1,\ t-\Delta t}}{\dot{x}_{n,\ t-\Delta t}}\right)^{\beta_{2,\ l}} \times \\ \quad \left(\dfrac{\dot{x}_{n-1,\ t-\Delta t} - \dot{x}_{n-1,\ t}}{\mathrm{d}t}\right)^{\beta_{3,\ l}},\ state = 2 \\ 0,\ state = 3 \end{cases} \tag{6-2}$$

式中 $\ddot{x}_{n,\ t,\ l}$ ——时刻 t 车辆 n 在 l 类跟驰状态下的加（减）速度值；

l ——车辆不同的跟驰类别，在本书中根据跟驰车辆的类别将其分为小轿车跟随小轿车、小轿车跟随公交车、公交车跟随公交车、公交车跟随小轿车四种类别；

$state$ ——车辆跟驰行为的状态判断函数，根据车辆跟驰过程中所处的交通流状态将其分为三种状态，当 $state = 1$ 时表示快速路上同一车道相邻的两辆车辆处于自由行驶状态，且此时车辆 n 的速度小于所处车道对此车型的最大限速值，即 $\dot{x}_{n,t} < \dot{x}_{n,\max}$。以本书调查的玄武大道为例，此快速路上对小轿车的限速为 100km/h，而其对客车的最大限速则为 80km/h。当 $state = 2$ 时表示此两辆车辆处于跟驰状态，后车的加（减）速度的大小与前车的驾驶行为产生的刺激具有很强的相关性。当 $state = 3$ 时表示后车的加速度为 0，此时车辆为匀速行驶。此种状态的出现可能有两种可能性，一种是车辆速度达到了自身最大的速度或者车道的最大限速，另一种是在跟驰行为中前车对后车的刺激较弱，没有引起后车出现加（减）速度；

$x_{n-1,t-\Delta t} - x_{n,t-\Delta t} - L_{n-1}$ ——车辆跟驰行为中前车与后车之间的车头净空，描述了跟驰行为中车头净空对后车加（减）速度的刺激情况；

$\dfrac{\dot{x}_{n-1,t-\Delta t}}{\dot{x}_{n,t-\Delta t}}$ ——车辆跟驰行为中前车与后车速度的比值，描述了跟驰行为中前后车的相对速度变化对后车加（减）速度的刺激情况；

$\dfrac{\dot{x}_{n-1,t-\Delta t} - \dot{x}_{n-1,t}}{\mathrm{d}t}$ ——车辆跟驰行为中前车加（减）速度的变化情况，描述了前车速度变化对后车加（减）速度的刺激情况；

$\beta_{0,l}, \beta_{1,l}, \beta_{2,l}, \beta_{3,l}$ ——不同类型跟驰模型的拟合参数，具体如表 6-1 所示。

表 6-1 跟驰模型参数

类别		β_0	β_1	β_2	β_3
公交车跟随公交车	加速度	0.2245	0.6511	0.5257	0.0001
	减速度	0.7418	-0.1522	0.8485	0.0003
小轿车跟随小轿车	加速度	5.3197	-1.6116	4.8996	0
	减速度	30.368	-1.593	-0.4587	-0.1221
小轿车跟随公交车	加速度	35.357	-1.3156	0.5439	0.0003
	减速度	0.0001	3.1173	-0.7944	-0.1906
公交车跟随小轿车	加速度	0.1242	1.0699	0.2817	0.0001
	减速度	38.303	-2.235	-0.2705	0.1222

6.2.2 随机波动规则

为了体现实际交通流模拟过程中驾驶员的不同类型对跟驰行为的随机性影响，在仿真过程中设定了跟驰车速的随机性波动规则。这种速度随机性的表现通过两个步骤来实现。

第一步，预设的车速设定为式（6-3）所示：

$$\tilde{v}_{n+1} = v_{n+1} \tag{6-3}$$

式中 v_{n+1}——根据跟驰规则计算得到的车辆速度。

第二步，选择一个波动参数用来计算得到车辆的速度，如式（6-4）所示：

$$v_{n+1} = \max(0,\ \min(\tilde{v}_{n+1} + a\tau\eta_n,\ v_n + a\tau,\ v_{\text{free}},\ v_{s,\ n})) \tag{6-4}$$

式（6-4）的意义表明，随机贡献 $a\tau\eta_n$ 能保证车辆的速度不会小于零，也能保证车辆的加速度不会超过车辆自身性能约束下的加速度值 a。式中随机变量 η_n 的取值如式（6-5）所示：

$$\eta_n = \begin{cases} -1, & r < p_{\text{b}} \\ 1, & p_{\text{b}} \leqslant r < p_{\text{b}} + p_{\text{a}} \\ 0, & \text{else} \end{cases} \tag{6-5}$$

式中 r——服从正态分布的随机变量，取值范围为（0，1）。

η_n 的取值表明，车辆加速度的概率为 p_a，减速度的概率为 p_{b}。为了不同的研究目的，不同的模型对于随机变量 η_n 的取值是不一样的。

为了提高模型的仿真精度，使得模型的仿真结果尽可能地体现实际情况下快速路的交通流时空变化机理，需要根据检测得到的实际交通流数据对不同加速度概率 p_{a}，以及减速度的概率 p_{b} 进行标定。为了对比仿真结果与实际交通流情况，仿真数据与实际数据的误差在可控制的范围之内，本书采用试验-误差法（Trail-and-Error），以 0.01 为误差步长，进行仿真参数的标定。最终确定当加速度概率

$p_a = 0.25$，减速度的概率 $p_b = 0.45$ 时能够获得最佳的仿真数据。

6.2.3　换道规则

跟驰规则考虑的是车辆在单一车道上的相互影响，此规则下车辆只能固定在某一车道上行驶，后车只能跟随前车行驶无法超车。为了使得仿真分析的结果真实地反映实际的情况，必须在模拟过程中考虑车辆的换道规则。一般情况下，在交通流模拟时，将每个时间步长分为两个步骤考虑，如图 6-2 所示。首先，车辆按照换道规则，选择是否进行换道行驶，其次，对于换道完成后的各个车道上的车辆按照跟驰规则进行状态更新。根据第 4 章的研究成果，确定车辆换道至目标车道 l 时必须要遵循的规则包括：

规则 R1：$P_l(LC) = \max(P_L(LC), P_R(LC), P_C(LC))$；

规则 R2：$G_{lead} < G_{n, l, lead}$；

规则 R3：$G_{lag} < G_{n, l, lag}$；

规则 R4：$rand() < p_{(n, change)}$。

规则 R1 要求所选择的目标车道的效用函数值为所有相邻车道中效用最大的车道。规则 R2 与规则 R3 要求所选择的目标车道上存在满足换道条件的最小车头间距。规则 R4 表明在满足车辆的换道条件时，车辆 n 也只能以概率 $p_{n, change}$ 进行换道。$p_{(n, change)}$ 为确定的不同类型驾驶员特性影响下的换道选择的参数，rand() 为（0，1）之间服从正态分布的随机数。不同车道的换道效用概率由式（6-6）所示：

$$P_l(LC) = \frac{e^{v_{ltn}}}{1 + e^{v_{ltn}}} \tag{6-6}$$

式中　$P_l(LC)$ ——目标车道的效用概率，其中 $P_L(LC)$ 为左侧车道的效用概率；$P_R(LC)$ 为 右侧车道的效用概率；

$P_C(LC)$ ——当前车道的效用概率；

v_{ltn} ——目标车道的效用函数，其计算公式如式（6-7）所示：

$$v_{ltn} = \beta_0^l + \beta_1^l v_n + \beta_2^l v_{ltn}^{avg} + \beta_3^l D_{ltn} + \beta_4^l \Delta X_{ltn}^{front} + \beta_5^l \Delta v_{ltn}^{front} + \beta_6^l \Delta X_{ltn}^{lag} + \beta_7^l \Delta v_{ltn}^{lag} + \alpha^l v_n \tag{6-7}$$

式中　β_0^l——目标车道 l 效用函数的固定项；

D_{ltn} ——目标车道 l 的交通流密度，PCU/km；

v_{ltn}^{avg} ——目标车道 l 的平均车速，m/s；

ΔX_{ltn}^{front} ——目标车道 l 上前车与车辆 n 的车头间距，m；

Δv_{ltn}^{front} ——目标车道 l 上前车与车辆 n 的速度差，m/s；

ΔX_{ltn}^{lag} ——目标车道 l 上后车与车辆 n 的车头间距，m；

$\Delta v_{ltn}^{\text{lag}}$ ——目标车道 l 上后车与车辆 n 的速度差，m/s；

β_i^l ——目标车道 l 效用函数不同解释变量对应的未知参数，$i=1, 2, \cdots, 7$。参数的标定结果如表 6-2 所示。

表 6-2 效用函数解释变量的取值

预测变量	取 值
β_1^l	0.593
β_2^l	0.117
β_3^l	-0.096
β_4^l	0.031
β_5^l	0.782
β_6^l	0.076
β_7^l	-0.128
β_0^l	-7.720

规则 R2 中 G_{lead} 为车辆 n 完成换道过程与目标车道相邻前车之间的最小车头间距，$G_{n,\ l,\ \text{lead}}$ 为车辆 n 换道过程中与目标车道相邻前车的实际车头间距，规则 R3 中 G_{lag} 为车辆 n 完成换道过程与目标车道相邻后车之间的最小车头间距，$G_{n,\ l,\ \text{lag}}$ 为车辆 n 换道过程中与目标车道相邻后车的实际车头间距。G_{lead} 与 G_{lag} 的计算结果如式（6-8）所示：

$$\begin{cases} G_{\text{lead}} = 4.11e^{0.3859v_{\text{dlead}}} + 12.14 \\ G_{\text{lag}} = 15.63e^{0.1683v_{\text{dlag}}} \end{cases} \tag{6-8}$$

式中 v_{dlead} ——车辆 n 的速度 v_{subject} 与目标车道前车速度 v_{lead} 的差值 $v_{\text{dlead}} = v_{\text{subject}} - v_{\text{lead}}$

v_{dlag} ——目标车道后车车速 v_{lag} 与车辆 n 速度 v_{subject} 之间的差值 $v_{\text{dlag}} = v_{\text{lag}} - v_{\text{subject}}$。

6.3 交通流仿真模型验证与效果分析

6.3.1 交通流仿真模型验证

为了验证本书设定的微观仿真系统对快速路通行能力的仿真效果，本节将玄武大道实际调查的交通流量数据与仿真的交通流量数据进行相关性分析。本次仿真设定的路段长度为 3000m，共 6000 个元胞，每个元胞长度为 0.5m，由外向内分别为第一，二，三，四车道，检测器的布设按照每个 1000 个元胞布设一组，车辆行驶方向为自左向右。为了与实际调查数据相匹配，本书设定的快速路上运行的车辆主要有两种，一种为私家车类型的，每辆车的长度为 5m，占据 10 个元胞，另一种为公共交通服务类型的车辆，车长设定为 12m，占据 24 个元胞，设定每次仿真更新的步长为 1s。从实际调查数据中不同车道随机选择 500 组流量密度数据，在设定相同的密度条件下将仿真的交通流量与实际的交通流量数据进行相关性分析，两类数据的相关性分析结果如图 6-4 所示。

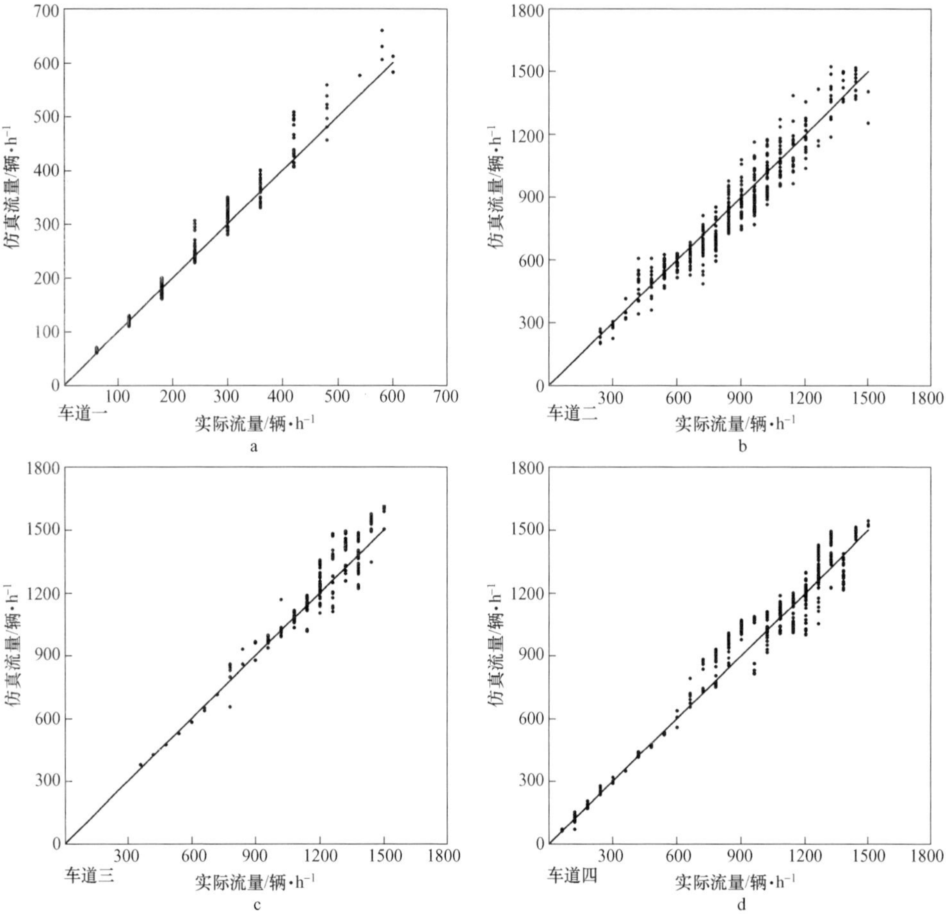

图 6-4　实际数据与仿真数据相关性分析

a—相关性：0.92；b—相关性：0.96；c—相关性：0.90；d—相关性：0.94

图 6-4 为不同车道上仿真的交通流量与实际检测的交通流量之间的相关性分布数据。图中横坐标为实际检测的交通流量数据，纵坐标为仿真的交通流量数据。图中对角线是相关性为 1 的参考线，此条实线表明横坐标数据与纵坐标数据是完全相关的。由图中数据可以看出，车道二的数据相关性最高，达到 0.96。车道三的数据相关性为 0.9，是四条车道中相关性最低的，从相关性数据的分布情况可以看出，车道三的仿真交通流量稍微大于实际的交通流量。总的来说，四条车道的仿真交通流量与实际检测交通流量的相关性都较高，均超过了 0.9，这可以表明本书提出的仿真系统能够较真实地描述我国快速路的通行能力。

6.3.2　交通流仿真模型的仿真效果分析

为了进一步分析本书提出的交通流仿真与快速路实际交通流状态之间的时空变化机理，本节将仿真的快速路流量密度图与实际获取的快速路流量密度图进行对比分析，最终获得的两种数据的分布情况如图 6-5 所示。

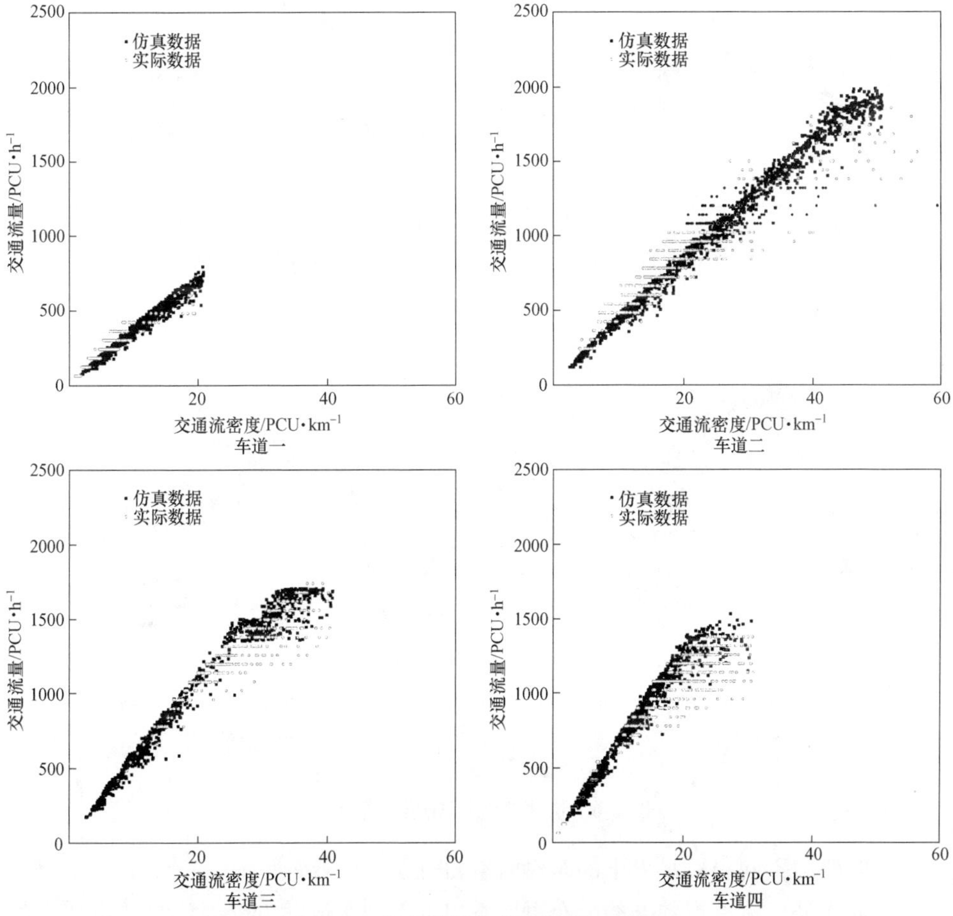

图 6-5　仿真数据与实际数据对比图

从图 6-5 可以定性地看出，本书提出的交通流仿真系统仿真得到的交通流量密度关系与实际获取的快速路交通流量与密度关系图能很好地进行匹配，也就是说本书提出的交通流仿真系统能够很好地描述实际情况下快速路上交通流参数之间的相互关系，这也为后续的快速路通行能力分析提供了坚实的基础。

6.4　快速路通行能力模拟分析

本节将利用本书提出的微观交通仿真系统，本次仿真参数与 6.3 节相同，最终得到的快速路交通流量-密度关系如图 6-6 所示。

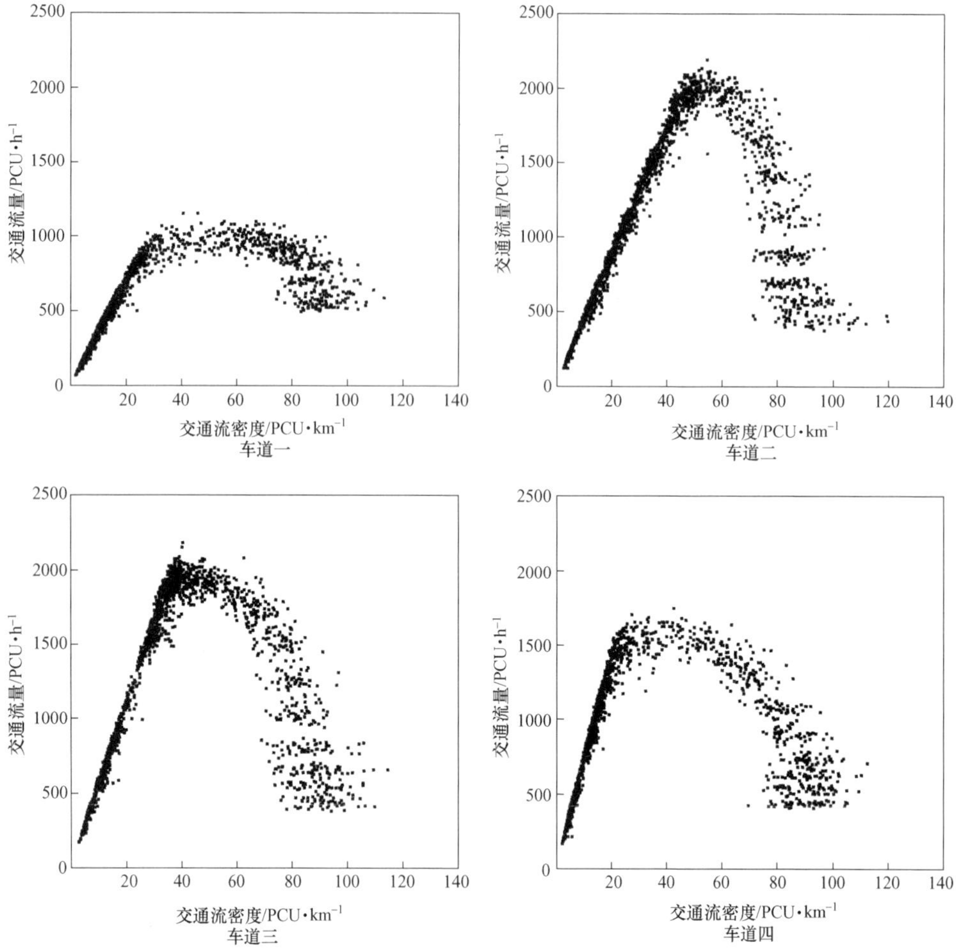

图 6-6　快速路流量-密度数据仿真

此时路段不同服务水平下的车辆时空轨迹图如图 6-7 所示。

除此之外，从模拟数据的分布可以看出，不同车道随着交通流量的增加，最佳密度对应的交通流量已经不再是一个固定的值，此时由于存在交通流的不稳定现象，存在着最大通过交通流量的损失现象。如图 6-7 所示，不同的服务水平，对应的道路通行能力是不一样的。除此之外，对于处于拥堵区域的交通流量与速度关系曲线来说，由于交通流状态不是稳态的，因此，路段通行能力不是一个恒定值，会受到不同车道上车辆驾驶行为产生的移动瓶颈的影响，导致路段通行能力会产生突变。因此，在研究道路通行能力的时候必然要对应不同的服务水平。根据对快速路的流量速度关系曲线的分析可以发现，当道路服务水平降低到 E 级服务水平后，路段通行能力就会出现显著的差异性，因此，本书主要分析 D 级服

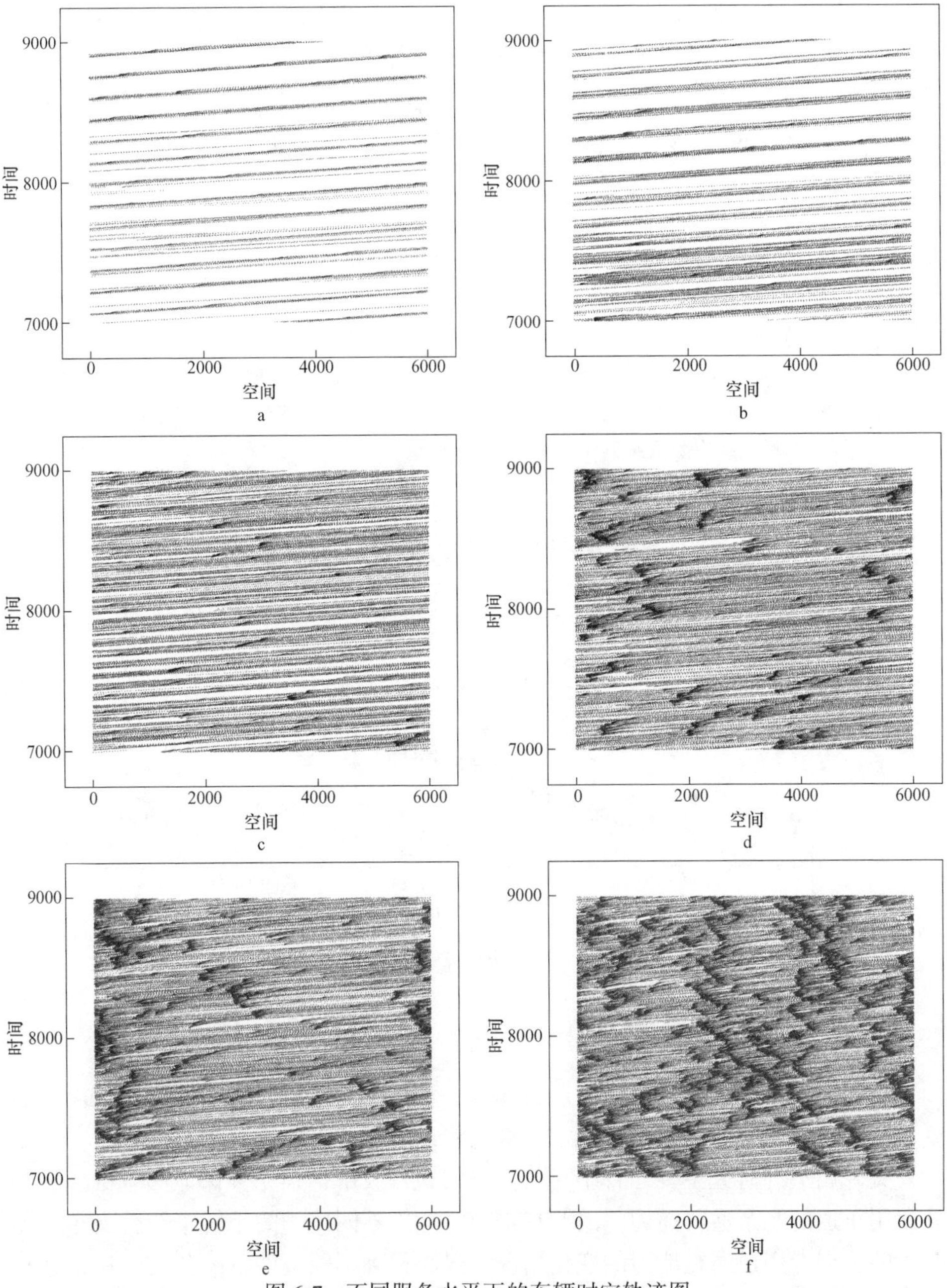

图 6-7 不同服务水平下的车辆时空轨迹图

a—A 级服务水平；b—B 级服务水平；c—C 级服务水平；
d—D 级服务水平；e—E 级服务水平；f—F 级服务水平

务水平下的路段通行能力，对应了 D 级服务水平的交通流密度下限值，此值也同样是 E 级服务水平对应的交通流密度上限值。

由图6-8的速度-流量关系曲线可以看出，在D级服务水平下不同车道的通行能力值与路段不同车道最大交通流量存在明显的差异性。其中差额最大的为车道二，其D级服务水平下的通行能力仅为车道最大交通流量的54%左右。D级服务水平下车道四的通行能力达到车道最大交通流量的88%。由不同服务水平下的速度-流量关系图可以看出，在拥堵状态下，车辆更倾向于选择车道二与车道三行驶。这种不同交通流状态下的车道选择偏好性与实际的观察结果是相同的。

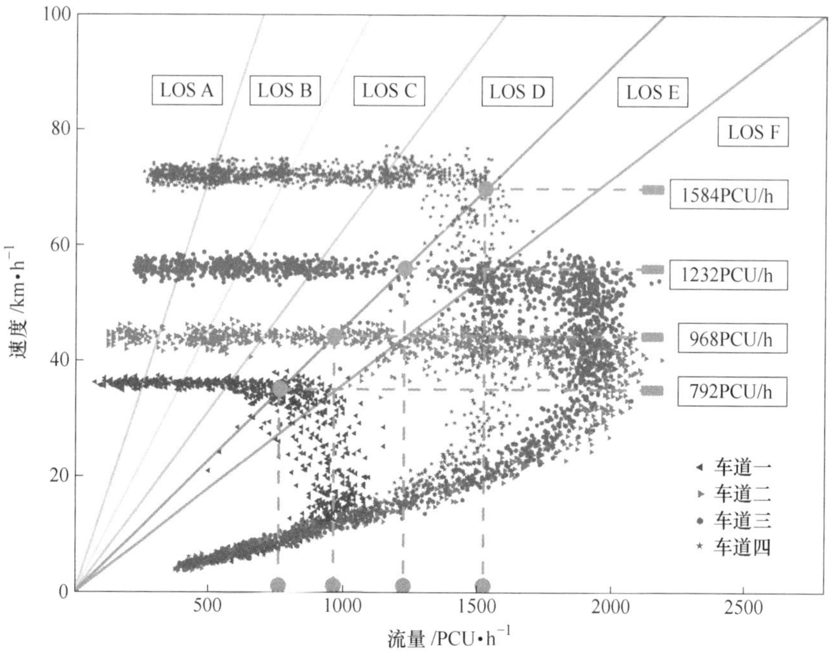

图6-8　快速路速度-流量关系图

6.5　公交专用道通行能力模拟分析

根据第5章的分析，公交专用道作为一种特殊的车道，为了保证车道上交通流运行状态处于较高的水平，设定公交专用道的服务水平控制在C级以上。本书对公交专用道的研究主要是希望在公交车的通行效率得到充分保证的基础上，充分利用车道的剩余通行能力。因此在本节将考虑不同比例的小轿车与公交车分布造成的公交专用道通行能力的变化情况。最终得到不同条件下的公交专用道通行能力的模拟结果如图6-9所示。

由图6-9可以看出，不同类型车辆的比例对公交专用道的通行能力具有明显的影响。为了保证公交专用道的服务水平在C级以上，当车道上均为标准车时，公交专用道的通行能力必须达到1400PCU/h。根据第5章的理论分析可以知道，

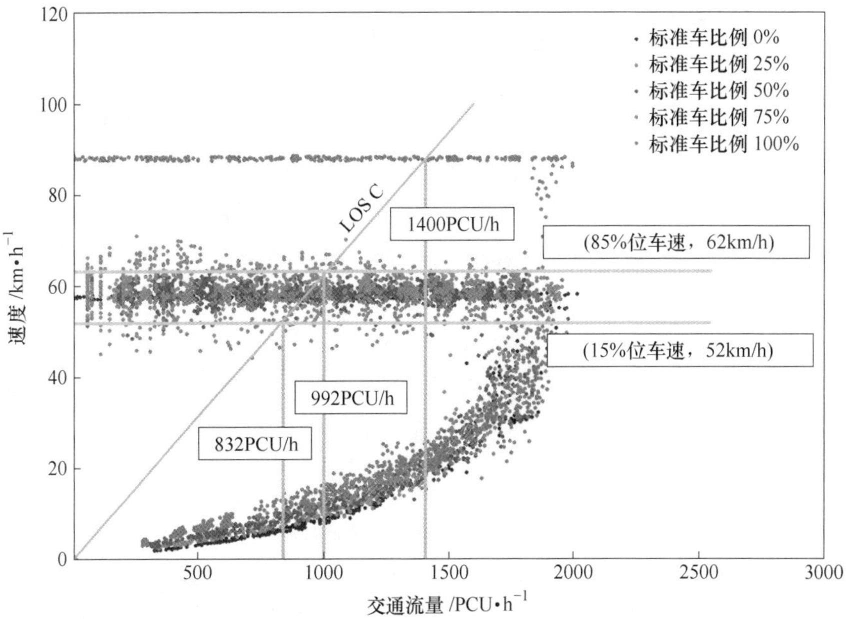

图 6-9 不同标准车比例下公交专用道的流量-速度关系图

公交专用道上慢速车辆发车频率的大小会影响公交专用道上车辆速度大小的波动，从而对公交专用道的通行能力产生影响。这种发车频率的变化带来的影响并非是线性的，当公交车的发车频率较低时，公交专用道可以提供小轿车行驶的通行能力就比较大。此时路段上的车辆以小轿车为主，路段车辆的速度离散性较小，C 级服务水平下的路段通行能力的波动也较小。当公交车的发车频率较大时，此时公交专用道可以提供给小轿车使用的剩余通行能力比较少，路段上以公交车为主，路段车辆速度的离散性同样比较小，C 级服务水平下的路段通行能力的波动同样也比较小。道路通行能力波动最大的是公交车与小轿车的分布比例比较均匀的时刻，以标准车比例 50%的情况为例，C 级服务水平下以车道上 15%为车速与 85%为车速分别作为最低的通行能力值与最高的通行能力值。最终得到的最低情况下为 832PCU/h，最大通行能力则达到了 992PCU/h，差异性达到了 20%。因此在研究公交专用道通行能力时必须要考虑公交车发车频率对通行能力带来的影响。

6.6 本章小结

为了分析我国快速路交通流的时空变化机理，研究我国快速路交通流的变化规律，基于元胞自动机模型，结合本书构建的车辆跟驰模型、车辆换道模型，建立了一个完整的城市快速路交通流仿真体系。与经典的元胞自动机模型不同的是，本书建立的模型不仅可以从理论上分析快速路交通流状态的微观变化规律，还能够很好地描述实际的道路交通流的宏观特性。为了研究公交专用道的设置对路段通行能力的影响，基于本书构建的交通流仿真模型，对公交专用道的交通流状态进行了仿真分析。分析结果表明：公交专用道上小轿车与公交车比例的变化对车道通行能力存在显著的影响，以标准车比例为 50%时的状态为例，其车道通行能力在 C 级服务水平下的波动幅度达到 160PCU/h，变化率达到 20%。

7　快速路公交专用道间歇式优化管理实例分析

为了分析本书的研究成果的适用性情况，本章将选择一条快速路进行间歇式公交专用道优化管理效果的案例分析。首先，根据南京市快速路网构造，确定了研究地点。其次，根据研究地点的交通流数据，研究路段交通流的特性，确定了现状的路段通行能力。以此为基础，研究公交专用道间歇式管理方法对路段其他车道通行能力的影响。

7.1　研究地点选择

目前，南京主城区快速路系统的基本格局是井字内环的形式，其中内环北线为衔接主城区与仙林的玄武大道一线，内环东线为衔接主城区与江宁的龙蟠路一线（城东干道），内环南线为衔接主城区与河西的应天大街高架一线，内环西线为衔接主城区与江北组团的虎踞路一线（城西干道）。玄武大道已经作为本书的研究对象进行了数据调查分析。应天大街是以高架为主的快速路，很难架设交通数据采集设施，不便于进行交通调查。虎踞路（城西干道）作为南京最早的快速路于 2013 年底进行了桥改隧的快速路改造，道路交通压力相对偏小。综合以上分析，本文选择龙蟠路作为本书的研究对象。

龙蟠路是南京城东南北走向的快速路，又称为城东干道，快速路衔接玄武、白下、秦淮和雨花四区，为主城区与南部地区衔接的关键通道。道路全长 12.8km，沿线相交的道路有北京东路、珠江路、中山东路、应天大街、雨花东路等主干道。

由于本书主要研究快速路公交专用道采用间歇式优化管理对路段通行能力的影响情况，因此本书的研究对象主要是快速路的长路段。虽然为了减少相交道路对快速路的负面影响，龙蟠路设置了地下隧道和地面高架与相交道路在空间上进行分离，有部分车道与地面道路是没有交叉冲突的。但是，为了满足部分交通流可以通过地面相交道路集散的交通出行需求，路段上部分车道采用了平面交叉的形式。为了保证龙蟠路与相交主干道的交通顺畅，地面龙蟠路沿线的平交路口均采用信号控制的方式对相交道路的交通流进行控制。为了保证本书的研究对象是快速路的长路段，综合比较了龙蟠路与各相交道路形成交叉口的间距，最终选择了龙蟠路中段白下路龙蟠路交叉口与节制闸路龙蟠路交叉口之间的路段作为本书的调查地点。为了便于布置路侧激光检测器，最终确定的调查地点距离白下路龙蟠路交叉口约 550m，距离节制闸路龙蟠路交叉口约 750m，最终确定的调查地点如图 7-1 所示。

图 7-1　数据调查地点

7.2　道路通行能力现状

7.2.1　路段流量的车道分布差异性分析

抽取了 2014 年 8 月 4 日上午早高峰期间 7：40~9：10 的调查数据进行分析。根据第 2 章提出的数据清洗方法，进行数据初步清洗后共获取有 5585 辆车的数据，其车辆组成如图 7-2 所示。

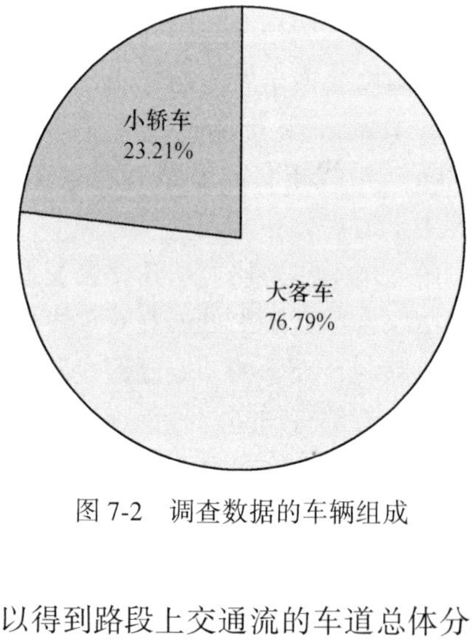

图 7-2　调查数据的车辆组成

由图 7-2 可以看出，虽然调查地点不同，但是本次调查的数据与玄武大道上的车辆组成数据基本相同，公交车的比例为 23. 21%，小轿车的比例为 76. 79%。将调查的车辆数据以 1 分钟为间隔进行汇总统计，共得到 533 组数据。从这些数据组中可以得到路段上交通流的车道总体分布差异性如图 7-3 所示。

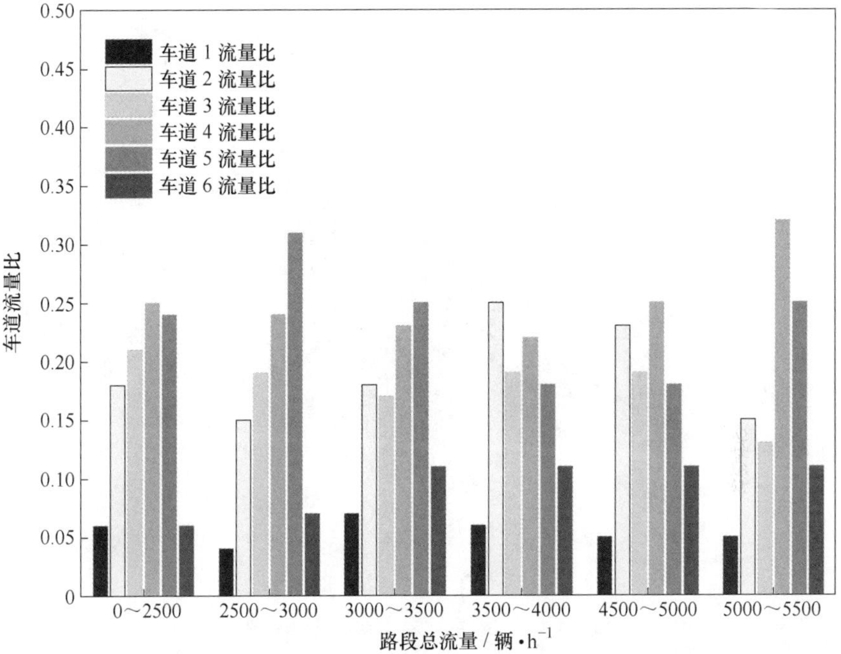

图 7-3 车道流量分布差异性

由图 7-3 可以看出，一方面不同车道上流量的分布同样存在显著的差异性，一般情况下，车道四与车道五的利用率是最高的，车道一与车道六的平均利用率是相对较低的，尤其车道一的利用率是最低的。车道四与车道五的平均利用率达到车道一平均利用率的 4 倍以上。另一方面当路段总流量不同时，各个车道上流量的分布也随之发生显著变化，其变化趋势，如图 7-4 所示。

由图 7-4 可知，当路段总流量由 2500 辆/h 增长到 5500 辆/h，不同车道上流量分布率的变化值达到平均分布率的 50%。

7.2.2 路段车速的车道分布差异性分析

与路段上交通流量在不同车道上的分布存在差异性一样，在调查中发现，不同车道的车速也存在着显著的差异性。将调查的 5585 辆车的车速按照车道进行分类汇总，得到不同车道上车辆速度的分布差异性图，如图 7-5 所示。

图中横坐标为不同车道上速度值的统计区间，其单位为 km/h，左侧纵坐标为不同速度区间的统计量占车道总量的百分比，右侧纵坐标为不同速度区间的车速累计百分比，图中的红色曲线是拟合的累计百分比曲线。图中车速累计分布百分比为 85%对应的车速为所谓的 85%位车速，相应的车速累计分布百分比为 15%

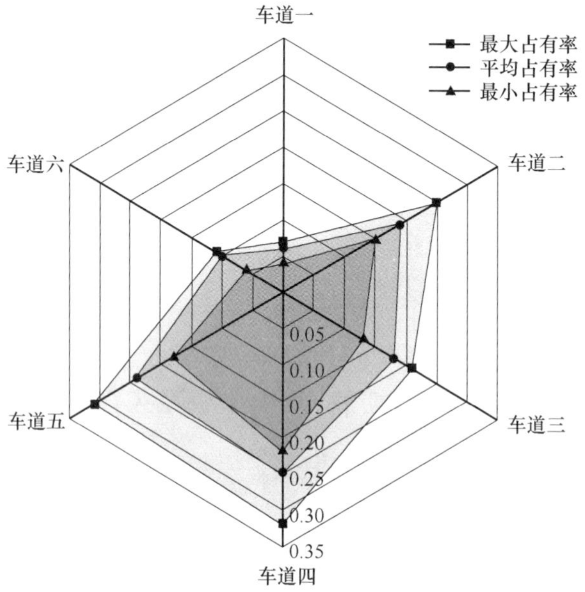

图 7-4　不同车道利用率变化趋势图

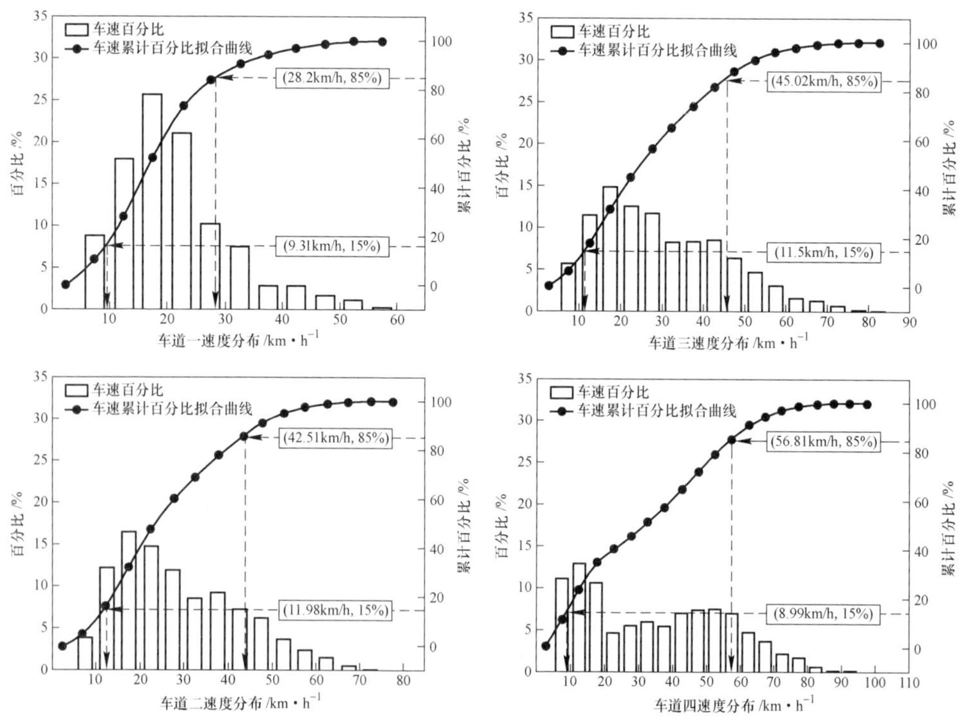

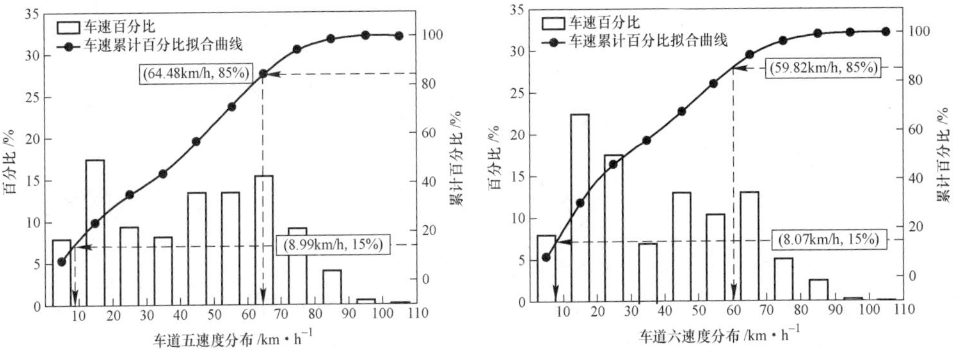

图 7-5　不同车道车辆速度差异性分布图

对应的车速为所谓的 15%位车速。

由图 7-5 可以看出，不同车道上 15%位车速基本相同，其波动值在 10%以内，不同车道上车速分布差异性主要体现在 85%位车速。85%位车速最大的车道为车道五 64. 48km/h，而 85%位车速最小的车道为车道一，其值只有 28. 2km/h，车速波动值达到了车道一的 85%位车速的 1. 3 倍。除此之外，不同车道上车速的离散性也存在明显的差异性，从不同车道上车辆速度标准差值可以看出，车道一上车辆的速度聚集性最好，其标准差为 9. 57，车道五上车辆的速度离散型最高，速度标准差达到 23. 84，车道六上车辆的速度标准差为 22. 55，车道四上车辆的速度标准差为 21. 11，车道三上车辆的速度标准差为 15. 33，车道二上车辆的速度标准差为 13. 89。由前文的分析可以知道，不同车道上车辆速度大小以及速度大小变化幅度的差异性是造成不同车道通行能力存在差异性的主要原因之一。因此，如何降低不同车道上车辆速度的离散度，均衡交通流量在不同车道上的分布率是提高快速路通行能力的重要技术手段。

7.2.3　路段通行能力现状

根据道路交通流现状，设定仿真时间为 9000s，仿真的车道长度为 3km，仿真的路段车辆占有率在 0. 001~0. 12 辆/m 之间，其他的车辆跟驰、换道等仿真规则均按照第 6 章的设定进行交通仿真，最终得到路段交通流仿真效果如图 7-6 所示。

由图 7-6 可以看出，与玄武大道类似，龙蟠路上的交通流量也存在分布不均匀现象。在路段交通流密度较小，道路服务水平较高时，车辆更倾向于选择车道五，随着路段交通压力的增加，道路交通流密度的增加，不同车道上的交通流量得到了均衡。此时路段 D 级服务水平下的通行能力结果如图 7-7 所示。

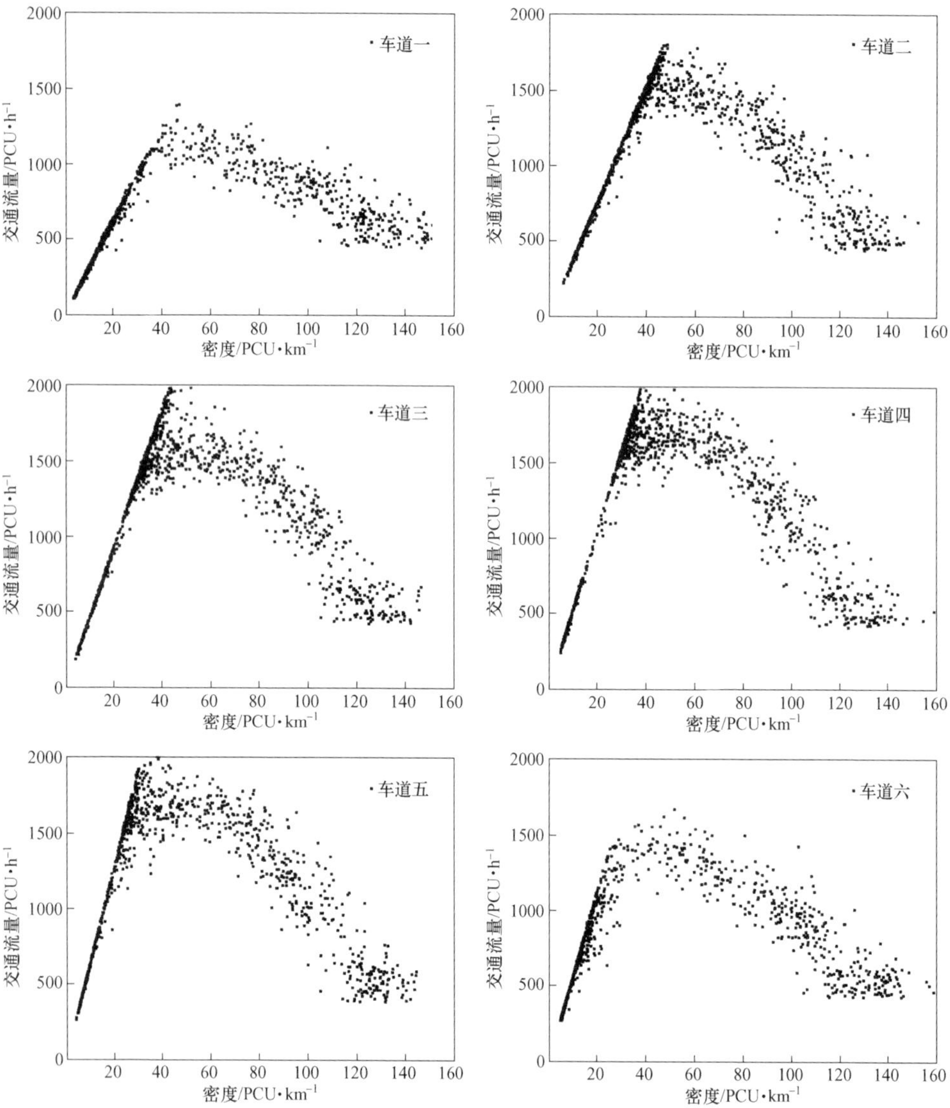

图 7-6　龙蟠路流量-密度仿真数据

图 7-7 中纵坐标为不同车道上的车辆平均车速，单位为 km/h，横坐标为不同车速对应的路段通行能力，单位为 PCU/h。图中实线为计算各个车道上服务水平为 D 时对应的不同车道的现状通行能力。由图中实线对应的通行能力值可以知道，因为车道选择偏好性、车道混合交通流等因素的存在，不同车道的通行能力存在明显的差异性。D 级服务水平下，通行能力最高的车道五的通行能力值为 1408PCU/h，是通行能力最低的车道一的通行能力的 2 倍。因此，如何提升不同车道的利用率，充分发挥不同车道的通行能力对缓解城市交通拥堵具有非常重要的意义。

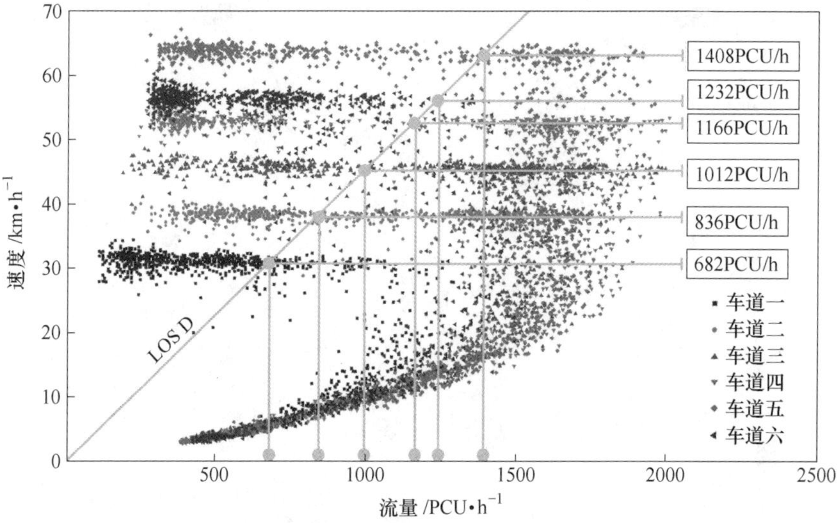

图 7-7 路段不同车道通行能力分析

7.3 公交专用道对路段其他车道通行能力的影响研究

本书中对公交专用道设置研究的初衷有两个方面：一方面是将城市快速路上的公交车汇聚到一条专用车道，在改善公交车出行环境的时候也使得其他车道上的车辆以同质化的方式运行，提升其他车道的出行效率的同时，提高其他车道的通行能力。另一方面是为了充分利用公交专用道，通过设置收费的方式允许小轿车使用此车道。为了研究公交专用道设置对其他车道通行能力的影响，结合龙蟠路上路侧式公交站台的布置方式，选择车道一（最外侧车道）作为公交专用道，研究公交专用道设置对其他车道通行能力的影响情况。根据第 6 章的仿真参数设置，得到设置公交专用道后的流量密度关系如图 7-8 所示。

由图 7-8 可以看出，设置公交专用道对其他车道的交通流存在显著的影响主

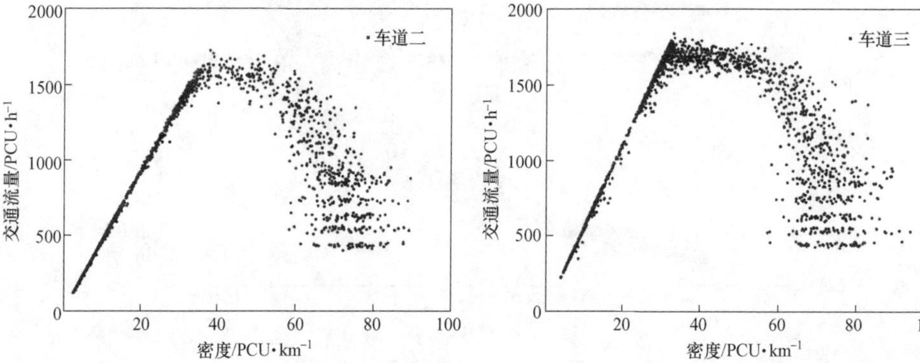

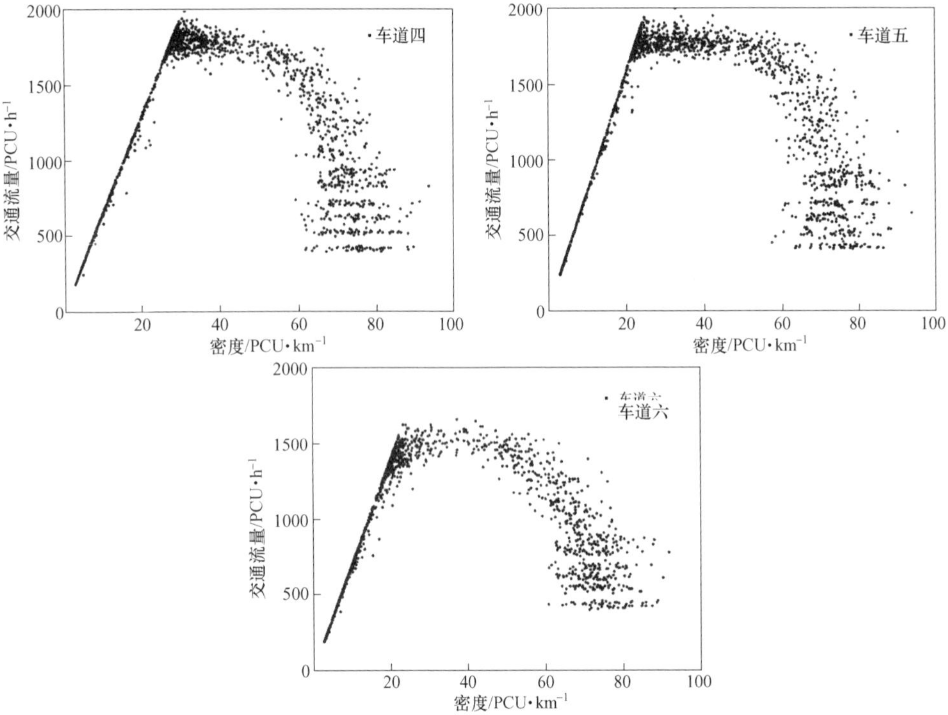

图 7-8　设置公交专用道后其他车道的流量-密度关系图

要在于两个方面，一方面设置公交专用道前后其他车道的交通流密度存在显著差异性。另一方面，设置公交专用道后其他车道的通行能力存在显著差异性，设置公交专用道后其他车道的通行能力变化如图 7-9 所示。

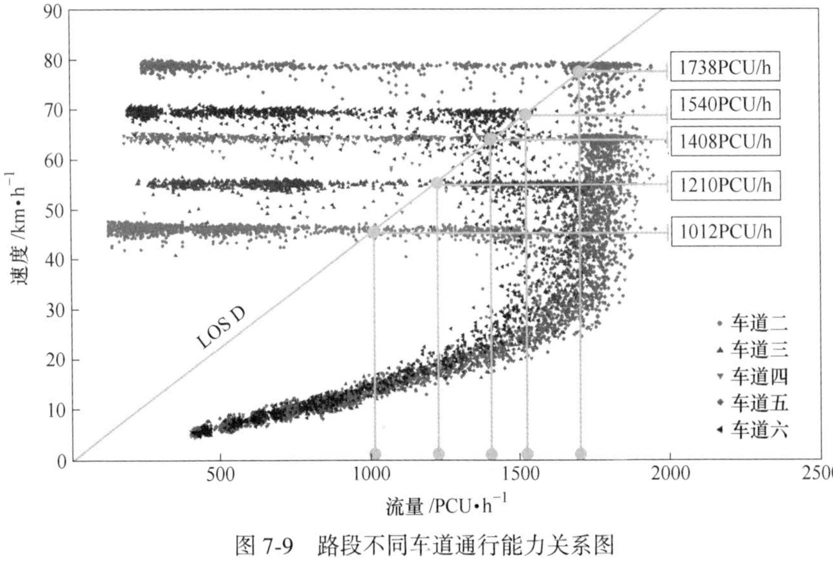

图 7-9　路段不同车道通行能力关系图

图 7-9 中纵坐标为不同车道上的车辆平均车速，单位为 km/h，横坐标为不同车速对应的路段通行能力，单位为 PCU/h。图中实线为计算各个车道上服务水平为 D 时对应的不同车道的现状通行能力。将其与图 7-7 进行对比可以发现设置公交专用道后其他车道的通行能力均有提高，同样在 D 级服务水平下，车道通行能力的平均增长率达到 22%，其中车道六的增幅最高，达到 25%。

7.4 公交专用道间歇式管理对通行能力的影响研究

为了研究公交专用道在公交车不同发车频率下的通行能力，本节中将快速路上的公交车的发车间隔由 50 辆/h 增至 500 辆/h，不同发车间隔下增加小轿车后车道服务水平分布情况如表 7-1 所示。

表 7-1 不同发车间隔下的公交专用道间歇式优化管理的通行能力分布表

公交车发车间隔	小轿车容量/辆 · h^{-1}								
50 辆/h	100	200	300	400	500	600	700	800	900
100 辆/h	100	200	300	400	500	600	700	800	900
150 辆/h	100	200	300	400	500	600	700	800	900
200 辆/h	100	200	300	400	500	600	700	800	900
250 辆/h	100	200	300	400	500	600	700	800	900
300 辆/h	100	200	300	400	500	600	700	800	900
350 辆/h	100	200	300	400	500	600	700	800	900
400 辆/h	100	200	300	400	500	600	700	800	900
450 辆/h	100	200	300	400	500	600	700	800	900
500 辆/h	100	200	300	400	500	600	700	800	900

各级服务水平图例：A： B： C： D： E： F：

在仿真过程中，包含了两个假设条件：一是快速路上公交车的发车间隔是均匀分布的，二是考虑的公交车只是在路段上运行的过程，不考虑车辆在站台停靠的时间消耗的影响。

由表 7-1 可以看出，要保证公交专用道的服务水平在 C 级以上，车道上公交车的发车间隔不能大于 450 辆/h。因此，在快速路上公交车的发车间隔低于 450 辆/h 的情况下，公交专用道采用间歇式管理的方式比公交专用道能更好地利用快速路的通行能力。根据公交车的发车间隔的不同，公交专用道保持 C 级服务水平下的通行能力能达到 900PCU/h。

7.5 公交专用道间歇式优化管理对通行能力的影响研究

将公交专用道间歇式优化管理前后龙蟠路路段通行能力的变化情况进行汇

总，如图 7-10 所示，图中横坐标为不同的车道，纵坐标为 D 级服务水平下对应的车道通行能力，其中车道一被设置为公交专用道并采用间歇式优化管理，其服务水平为 C 级。

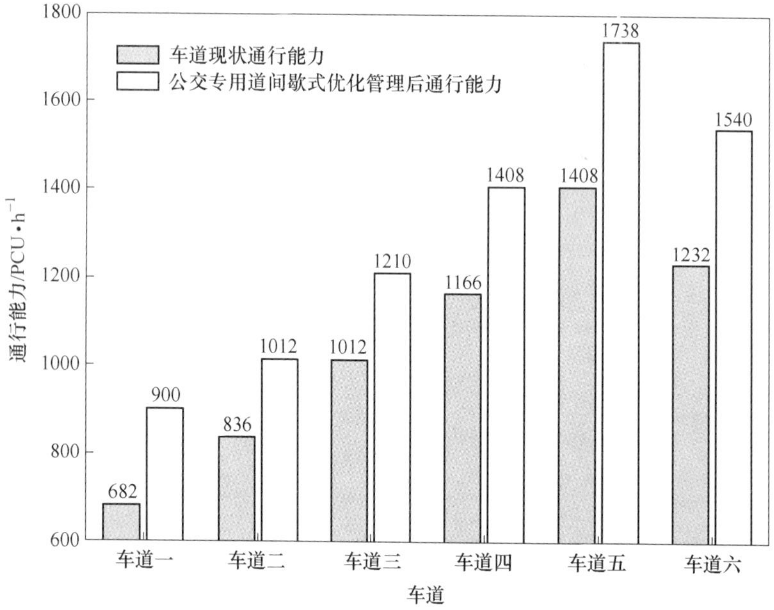

图 7-10　公交专用道间歇式优化管理前后车道通行能力变化

由图 7-10 可以看出，公交专用道间歇式优化管理对路段通行能力的提高具有非常重要的作用。以车道一为例，其在 C 级服务水平下的通行能力值为 900PCU/h，现状车道一在 D 级服务水平对应的通行能力值仅为 682PCU/h，通行能力的提高接近 32%。除此之外，其他车道的通行能力也得到不同程度的提高，整个路段通行能力由现状的 6336PCU/h 提高到 7808PCU/h，通行能力提高了接近 23%，路段通行能力的增幅达到 1472PCU/h，相当于增加了一条车道的通行能力。

除此之外，在快速路上选择一条车道作为间歇式公交专用道的方式是非常有必要的，这种公交专用道的设置方式不仅提供了一个机会去重新分配快速路各个车道的空间资源，优化不同车道的利用率，更是调整了不同车道上车辆的驾驶行为，改善了快速路的服务水平。

7.6　本章小结

本章以龙蟠路为例，基于本书构建的交通流仿真模型，结合实际案例研究了间歇式公交专用道设置前后路段通行能力的变化情况。研究结果表明设置间歇式公交专用道对路段通行能力的提高具有显著的效果。间歇式公交专用道比公交专用道更能充分利用快速路的通行能力。除此之外，快速路在设置间歇式公交专用道后不仅会提高专用道自身的通行能力，还提高了其他普通车道的通行能力。案例中，龙蟠路整个路段通行能力提高了接近23%，相当于增加了一条车道。因此这种公交专用道的管理方式可以作为解决城市交通拥堵问题的一种有效的交通管理手段。

8　结论与展望

8.1　主要研究成果

为了缓解交通拥堵，满足出行者对出行时间的不同需求，进一步提高城市快速路通行能力的利用效率，本书提出了对城市快速路的公交专用道采用间歇式优化管理的方法。本书依托江苏省自然科学基金（BK20170879）和江苏省博士后科研资助计划（1701086B），采用我国快速路实际交通流数据，从机理研究、理论分析、案例应用三个层面出发，研究了快速路公交专用道采用间歇式优化管理后路段通行能力的变化情况。本书完成的主要研究成果包括以下几个方面：

（1）快速路交通流特性数据的采集与分析。分析了不同类型的数据采集方法适应性特征，结合本书的研究目标，设计了一种便利而高效的交通流数据采集方法。根据交通流数据检测设备对检测地点的设置要求，确定了交通流数据检测地点与检测时间。通过对调查数据自身特性的分析，分别基于车辆分型数据、交通流量波动数据以及车辆速度分布差异性数据对原始调查数据进行了数据清洗。根据获取的快速路交通流数据，研究了交通流量在路段不同车道上的分布平衡，不同类型车辆速度在不同车道上的变化特性以及路段不同车道上交通流密度的分布差异性，分析了造成我国快速路通行能力损失的主要原因。

（2）研究了快速路交通流的跟驰特性。通过对现有车辆跟驰模型研究成果的分析对比，结合我国道路交通流特性，构建了符合我国快速路交通流特性的车辆跟驰模型。根据调查的快速路车辆跟驰数据，研究了不同交通流状态下车辆的跟驰率存在显著的差异性。综合分析了现有对车辆跟驰行为的时间延迟性的研究成果，结合本书的研究需求，设定了适合本书研究的跟驰反应延迟时间。通过对不同类型车辆跟驰行为中车头间距、跟驰速度、跟驰加（减）速度差异性的分析，掌握了我国快速路交通流的跟驰特性。以此为基础，选择非线性最小二乘回归分析方法对本书提出的跟驰模型进行参数拟合，并将本书提出的车辆跟驰模型与 Edie 模型以及 Gazis 模型对车辆跟驰加（减）速度的预测结果进行对比。

（3）分析了快速路交通流的车辆换道行为。在现有车辆换道模型研究成果的基础上，结合效用函数模型，构建了一个新的快速路车辆换道模型。基于采集的车辆换道数据，分析了道路交通流状态对车辆换道行为的影响，确定了不同类型车辆的换道选择偏好性。根据对不同类型车辆换道可接受间隙数据的分析，得到了不同速度条件下车辆换道时需要满足的最小车头间距。以此为基础，利用最大似然方程对本书提出的快速路车辆的换道模型进行了标定。利用 ROC 曲线，将本书提出的车辆换道模型与 Choudhury 模型进行了对比分析。

(4) 从理论上研究了公交专用道间歇式管理对路段通行能力的影响。为了分析公交专用道采用间歇式优化管理后的交通流特性以及对其他车道交通流的影响情况。基于交通流基本图模型，研究了因为混合交通流的存在而导致的快速路路段通行能力的损失。借助移动瓶颈理论，分析了公交专用道间歇式优化管理后的交通流特性，确定了间歇式公交专用道的交通运行条件。以此为基础，从理论上研究了公交专用道间歇式优化管理对通行能力的影响。

(5) 对快速路与公交专用道的通行能力进行了仿真分析。基于元胞自动机模型，结合本书构建的车辆跟驰模型、车辆换道模型，建立了一个完整的城市快速路通行能力的仿真模型，使其能够真实地反映我国快速路交通流的时空变化机理，从而获取影响我国快速路通行能力得到充分利用的关键因素。结合实际调查数据，对仿真模型进行了参数标定。根据公交专用道采用间歇式优化管理的交通运行要求，对间歇式公交专用道的交通流运行特征进行了分析。以此为基础，研究了公交专用道采用间歇式优化管理后通行能力的波动情况。

(6) 以实例的方式研究了公交专用道间歇式优化管理对路段通行能力的影响。以实际案例的形式，研究了快速路公交专用道间歇式优化管理对路段通行能力的影响情况。在对南京现有快速路网的布局及功能定位进行了简单分析的基础上，确定了实际案例的研究地点。通过采集的实际交通流数据，分析了实际案例的交通流特性，以及现状路段通行能力。利用建立的快速路交通流仿真体系，分析了公交专用道采用间歇式优化管理后对其他车道通行能力的影响情况，研究了公交专用道自身的交通容量变化情况。最后，归纳总结了快速路公交专用道间歇式优化管理对路段通行能力的影响程度。

8.2 主要创新点

根据本书的研究成果，归纳出本书的创新点如下：

(1) 设计了一种简单而高效的交通流数据采集方法。通过对现有主流交通流数据采集设备的对比分析，结合微波雷达与路侧激光检测器的优点，本书设计了一种可以简单高效地获取快速路车辆时空变化规律的交通流数据采集方法。利用微波雷达追踪路段上一定范围内车辆在不同时刻的坐标数据，获取一定范围路段上车辆的行驶轨迹数据。利用路侧激光检测器来获取微波雷达检测范围内某一点的精确交通流数据，来校正微波雷达在追踪车辆行驶轨迹过程中发生的车辆丢失情况。通过路侧激光检测器获取的地点交通流数据与微波雷达获取的路段交通流数据进行互补完善，可以方便而高效地获得我国快速路上不同车辆的时空变化轨迹。

（2）提出了新的车辆跟驰模型。通过对我国快速路车辆跟驰数据特性的分析，综合考虑跟驰行为的各种影响因素，结合交通流运行环境、道路不同车道的跟驰偏好性、车辆跟驰类型以及车辆自身加减速性能的限制条件，提出了一个新的车辆跟驰模型。利用实际交通流数据对本书提出的车辆跟驰模型与 Edie 模型以及 Gazis 模型进行对比，结果表明，本书提出的车辆跟驰模型能更好地描述不同交通流状态对车辆跟驰的影响、解释不同类型车辆跟驰行为的差异性、体现不同类型车辆自身加（减）速性能限制条件对跟驰行为的影响。

（3）改进了车辆换道模型。通过对我国快速路车辆换道数据的分析，基于效用函数模型，兼顾不同类型车辆的换道行为差异性、换道过程中对车头间隔的不同需求以及换道过程中目标车道相邻车辆的速度影响，构建了一个新的快速路车辆换道模型。利用实际换道数据对本书提出的车辆换道模型与 Choudhury 模型进行对比分析的结果表明，本书提出的车辆换道模型比 Choudhury 模型能更好地描述我国快速路车辆的换道行为。

（4）基于移动瓶颈理论研究公交专用道间歇式优化管理后通行能力的变化。对于间歇式公交专用道，由于混合交通流的存在，不同比例的慢速车辆将会在车道上形成移动的瓶颈。基于交通流基本图模型，借助移动瓶颈理论，根据公交专用道间歇式管理的自身特性，从理论上研究了间歇式公交专用道的交通流特性，分析了导致间歇式公交专用道通行能力产生波动变化的原因。

（5）建立了符合我国快速路交通流特性的通行能力仿真模型。基于元胞自动机模型基本框架，结合本书构建的车辆跟驰模型、车辆换道模型，建立了一个完整的城市快速路通行能力仿真模型。以此为基础，对快速路的路段通行能力进行了仿真，分析了我国快速路不同车道交通流差异性对路段通行能力的影响情况，研究了不同交通管理条件下间歇式公交专用道通行能力的波动情况。

8.3　研究的不足与展望

本书利用实际调查的快速路交通流数据，对交通流理论模型中的跟驰模型、换道模型进行了改善。以此为基础，结合元胞自动机模型，建立了能够准确描述我国快速路交通流时空变化机理的微观仿真模型。最后以实际案例的方式，分析了快速路公交专用道间歇式优化管理后路段通行能力的变化情况。虽然本书取得了一定的研究成果，然而由于种种条件限制，本书的研究成果仍可在以下方面进行改进和进一步深入研究：

（1）数据获取样本方面。本书提出的交通流调查方法虽然比较简单高效，通过雷达检测器与路侧激光检测器的配合能够很好地获取路段交通流特性数据。但是由于种种条件限制，在数据的分析和实例研究中均以南京的快速路为样本，没有对我国其他城市快速路的交通流特性进行样本对比。因此，为了使本书提出的快速路通行能力仿真模型能够更具有代表性，下一步需要增加数据样本的多样性，可以选择其他城市的快速路进行对比分析。

（2）跟驰模型方面。本书构建了适合我国快速路交通流特性的车辆跟驰模型。然而模型的分析过程中为了简化处理，并没有充分考虑不同类型驾驶员在面对不同交通流状况时表现出来的车辆跟驰行为的延迟性，而是选择了统一的跟驰反应延迟时间。虽然说驾驶员的反应延迟的时间差异性比较小，这种微小的差异性相对本书仿真方法的仿真步长可以忽略，然而如果要将本书的模型在更微观的层面进行应用则需要进一步考虑，这种反应时间的延迟性，可以通过眼动实验来实现。

（3）在对间歇式公交专用道通行能力的研究方面。在研究公交专用道间歇式优化管理对通行能力的影响时，只是考虑到公交车在车道上通行时的通行能力，对于路侧公交站台，以及公交停靠上下客导致的通行能力损失情况的考虑不足。这些不足，虽然在理论上不影响对路段整体通行能力的理解，但是在应用层面上，还需要进一步分析不同发车频率，不同公交运营模式对间歇式公交专用道通行能力的影响程度，才能有充分的理论依据来确定公交专用道间歇式优化管理模式。

总的来说，城市道路通行能力的研究是一个非常复杂的、牵涉领域非常广阔的研究范畴，在很多前人研究成果的基础上，本书做了点的改善，然而由于理论水平、实际经验等条件的限制，本书还存在一些不足和有待完善之处，恳请各位专家、学者批评指正。

附　　录

附录 A　车辆产生仿真代码

```
% 产生路段元胞数据
function [ cells cells_ posi cells_velo LNPP NPPbus NPPpcu cells_acc] =
Generatelanecell ( Pdens, L, LN, denspc, densbus, v_pcmax, v_ busmax, Lpcu,
Lbus, a_ pcu, a_ bus )
% 记录车辆的位置
Npcu = fix( Pdens * L * denspc ) ; % 模拟产生的小轿车的数量
Nbus = fix( Pdens * L * densbus ) ; % 模拟产生的公交车的数量
cfgap= fix(( LN-Npcu * Lpcu-Nbus * Lbus) /( Npcu + Nbus )) ;
fgap = 0 ;
NPPpcu = 0 ; % 统计产生的模拟小轿车数量
NPPbus = 0 ; % 统计产生的模拟公交车的数量
s = LN ;
cells = zeros ( 1, LN ) ;
abb = Npcu + Nbus ;
while s > 0
    e = rand ;
    eb = ( abb ) /s ;
    if e < eb
        ee = rand;
        if ee <= denspc & NPPpcu <= Npcu & s >= Lpcu
            cells ( s ) = Lpcu;
            pcells_posi ( abb ) = s ;
            s = s-Lpcu-1 ;
            abb = abb-1 ;
            NPPpcu = NPPpcu + 1 ;
        elseif ee > denspc & NPPbus <= Nbus & s >= Lbus
            cells ( s ) = Lbus ;
            pcells_ posi ( abb ) = s ;
            s = s-Lbus-1 ;
            abb = abb-1 ;
            NPPbus = NPPbus + 1 ;
        else
```

```
            s = s-1 ;
        end
    else
        s = s-1 ;
    end
end
while s > 0 & abb > 0
    ee = rand ;
    if ee <= denspc & NPPpcu <= Npcu & s >= Lpcu
        cells ( s ) = Lpcu ;
        pcells_posi ( abb ) = s ;
        abb = abb-1 ;
        NPPpcu = NPPpcu + 1 ;
        fgap = cfgap + Lpcu ;
    elseif ee > denspc & NPPbus <= Nbus & s >= Lbus
        cells ( s ) = Lbus ;
        pcells_posi ( abb ) = s ;
        abb = abb-1 ;
        NPPbus = NPPbus + 1 ;
        fgap = cfgap + Lbus ;
    end
    s = s-fgap ;
    fgap = 0 ;
end
LNPP = NPPpcu *( Lpcu + 1 ) + NPPbus *( Lbus + 1) ;
NTt = NPPpcu + NPPbus ;
abb = abb + 1 ;
for I = 1 : NTt
    cells_posi ( i ) = pcells_posi ( abb ) ;
    abb = abb + 1 ;
    cells_velo ( i ) = 0 ;
    cells_acc ( i ) = 0 ;
end
dens = NTt /1000;
% 通过初始间距确定初始速度
loc = 0 ;
for j = 1 : NTt -1
    at = cells_posi( j + 1 ) ;
    loc = cells ( at ) ;
```

```
    if loc = = Lpcu
        gaps ( j ) = cells_posi ( j + 1) -cells_posi( j ) -cells(at) ;
        av = min ( gaps(j) , v_pcmax );
        cells_velo ( j ) = fix ( rand * av ) ;
        cells_acc ( j ) = min ( fix ( rand * a_pcu ) , rand * ( av -cells_
velo ( j ))) ;
        cells_velo ( j ) = 0 ;
        cells_acc ( j ) = 0 ;
    elseif loc = =Lbus
        gaps ( j ) = cells_posi ( j + 1 ) -cells_posi ( j )-cells ( at ) ;
        av = min ( gaps ( j ) , v_busmax ) ;
        cells_velo ( j ) = fix ( rand * av ) ;
        cells_acc ( j ) = min ( fix ( rand * a_bus ) , rand * ( av -cells_
velo ( j ))) ;
        cells_velo ( j ) = 0 ;
        cells_acc ( j ) = 0 ;
    end
end
% 赋予车辆初始速度
at = cells_posi ( 1 ) ;
loc = cells ( at ) ;
if loc = = Lpcu
    gaps ( NTt ) = LN + cells_posi ( 1 ) -cells_posi ( NTt )-cells ( at ) ;
    av = min ( gaps ( NTt ) , v_pcmax ) ;
    cells_velo ( NTt ) = fix ( rand * av ) ;
    cells_acc ( NTt ) = min ( fix ( rand * a_pcu ) , rand * (av -cells_velo
( j ))) ;
    cells_velo ( NTt ) = 0 ;
    cells_acc ( NTt ) = 0 ;
  elseif loc = = Lbus
    gaps ( NTt ) = LN + cells_posi ( 1 ) -cells_posi ( NTt )-cells ( at ) ;
    av = min ( gaps ( NTt ) , v_busmax ) ;
    cells_velo ( NTt ) = fix ( rand * av ) ;
    cells_acc ( NT ) = min ( fix ( rand * a_bus ) , rand * ( av -cells_
velo ( j )));
    cells_velo ( NTt ) = 0 ;
    cells_acc ( NTt ) = 0 ;
  end
end
```

附录 B 车辆换道仿真代码

```
% 车辆换道选择在换道算法中包含了位置更新模型
    for j = 1 : NLane
        gaps = [ ] ;
        if j == 1
            k = length ( lane_posi { 1 , j } ) ;
            while k > 0
                [ tgap , lcell , ave_velo , ave_den , tbgap , tvelo , tbvelo ,
thvelo] = Getgaps ( j , k , lane_posi, lane , LN , lane_velo ) ;
% 计算本车道效用函数
UFT = 1 /( 1+ exp ( -( -7.72 + 0.593 * thvelo + 0.117 * ave_velo -0.096 * ave_
den + 0.031 * tgap + 0.782 * tvelo + 0.076 * tbgap -0.128 * tbvelo ))) ;
                [ lgap, ltgap, lbgap, lvelo, lbvelo, ave_lvelo, ave_lden ] =
Getgapsleftlane ( j, k , lane_posi , lane , LN , lane_velo , lcell ) ;
                % 计算左侧车道效用函数
UFL = 1 /( 1 + exp ( -( -7.72 + 0.593 * thvelo + 0.117 * ave_lvelo -0.096 * ave_
lden + 0.031 * lgap + 0.782 * lvelo + 0.076 * lbgap -0.128 * lbvelo ))) ;
                % 根据换道效应函数,选择合适车道
                 if UFL > 0.5 & UFL > UFT & UFT < 0.5 & lgap > max ( tvelo , a_
pcu ) & lbgap > max (gapvelo, a_pcu ) & length ( lane_posi { 1 , j } ) > max (
10 , 0.4 * length ( lane_posi { 1 , j+1 })) % 换道条件,选择相邻左侧车道
                    % 更新模型位置
                    [cells_posia, cells_posib, cellsa, cellsb, cells_veloa,
cells_velob, cells_acca, cells_accb ] = RefreshleftLane ( j, k, lane_posi,
lane_velo, lane, lane_acc ) ;
                    if TOT == 1
                        lane_posi {1, j} = cells_posia;
                        lane_posi {1, j+1} = cells_posib;
                        lane_velo { 1,j } = cells_veloa;
                        lane_velo {1, j+1} = cells_velob;
                        lane_acc {1, j } = cells_acca;
                        lane_acc {1, j+1} = cells_accb;
                        lane {1, j } = cellsa;
                        lane {1, j+1} = cellsb;
                        % 统计换道信息
                        TCS = TCS + 1 ;% 换道的总次数
```

```
                SCS ( TCS, 1 ) = j ;% 原来的车道位置
                SCS ( TCS, 2 ) = j+1;% 新的车道位置
                SCS ( TCS, 3) = i ;% 换道的时间
            elseif TOT = = 0
                ecl = ecl + 1 ;
            end
        end
        k = k-1 ;
    end
elseif j = = NLane
    k = length ( lane_posi { 1 , j });
    while k > 0
        [ tgap, lcell, ave_velo, ave_den, tbgap, tvelo, tbvelo, thve-
lo]= Getgaps ( j, k, lane_posi, lane, LN, lane_velo);
        % 计算本车道效用函数
UFT = 1 /( 1 + exp ( -( -7.72 + 0.593 * thvelo + 0.117 * ave_velo -0.096 *
ave_den + 0.031 * tgap + 0.782 * tvelo + 0.076 * tbgap -0.128 * tbvelo )));
        [ rgap, rtgap, rbgap, rvelo, rbvelo, ave_rvelo, ave_rden ] =
Getgapsrightlane ( j, k, lane_posi, lane, LN, lane_velo, lcell);
        % 计算右侧车道效用函数
        UFR= 1/(1 + exp (-(-7.72 + 0.593 * thvelo + 0.117 * ave_rve-
lo -0.096 * ave_rden + 0.031 * rgap + 0.782 * rvelo + 0.076 * rbgap -0.128
* rbvelo )));
        if UFR > 0.5 & UFR > UFT & UFT < 0.5 & rgap > max ( tvelo, a_pcu
) & rbgap > max (gapvelo, a_pcu ) & length ( lane_posi { 1, j } ) > max ( 10,
0.4 * length ( lane_posi { 1, j-1 } )) % 换道条件,选择相邻右侧车道
            % 更新模型位置
            [cells_posia, cells_posib, cellsa, cellsb, cells_veloa,
cells_velob, cells_acca, cells_accb, TOT] = RefreshrightLane ( j, k, lane_
posi, lane_velo, lane, lane_acc);
            If TOT = = 1
                lane_posi { 1, j } = cells_posia ;
                lane_posi { 1, j-1} = cells_posib ;
                lane_velo { 1, j } = cells_veloa ;
                lane_velo { 1 , j-1 } = cells_velob ;
                lane { 1 , j } = cellsa ;
                lane { 1 , j-1 } = cellsb ;
                lane_acc { 1 , j } = cells_acca ;
```

```
                lane_acc { 1 , j-1 } = cells_accb ;
                % 统计换道信息
                TCS = TCS + 1 ;
                SCS ( TCS , 1 ) = j ;
                SCS ( TCS , 2 ) = j-1 ;
                SCS ( TCS , 3 ) = I ;
            elseif TOT = = 0
                ecl = ecl + 1 ;
            end
        end
        k = k-1 ;
    end
elseif ( j > 1 ) & ( j < NLane )
    k = length ( lane_posi { 1 , j } ) ;
    while k > 0
        % 计算本车道效用函数
        [tgap,lcell, ave_velo, ave_den,tbgap,tvelo, tbvelo, thvelo]=
Getgaps ( j, k, lane_posi, lane, LN, lane_velo);
        UFT = 1 /( 1 + exp ( -( -7.72 + 0.593 * thvelo + 0.117 * ave_
velo -0.096 * ave_den + 0.031 * tgap + 0.782 * tvelo + 0.076 * tbgap-0.128
* tbvelo ))) ;
        % 计算左侧车道效用函数
        [lgap, ltgap, lbgap, lvelo, lbvelo, ave_lvelo, ave_lden ] =
Getgapsleftlane (j, k, lane_posi, lane, LN, lane_velo, lcell) ;
        UFL = 1 /( 1 + exp (-( -7.72 + 0.593 * thvelo + 0.117 * ave_
lvelo -0.096 * ave_lden + 0.031 * lgap + 0.782 * lvelo + 0.076 * lbgap -
0.128 * lbvelo ))) ;
        % 计算右侧车道效用函数
        [rgap, rtgap, rbgap, rvelo, rbvelo, ave_rvelo, ave_rden ] =
Getgapsrightlane (j, k, lane_posi, lane, LN, lane_velo, lcell ) ;
        UFR = 1 /( 1 + exp ( -( -7.72 + 0.593 * thvelo + 0.117 * ave_
rvelo -0.096 * ave_rden + 0.031 * rgap + 0.782 * rvelo + 0.076 * rbgap-
0.128 * rbvelo ))) ;
        if UFL > UFR & UFL > UFT & UFL > 0.5 & UFR < 0.5 & UFT < 0.5 &
lgap > max ( gapvelo, a_pcu) & lbgap > max ( lbvelo, a_pcu ) & length ( lane_
posi { 1, j } ) > max ( 10, 0.4 * length ( lane_posi { 1, j + 1 })) % 换道条件,选
择相邻左侧车道
            % 更新模型位置
```

```
                [cells_posia, cells_posib, cellsa, cellsb, cells_veloa,
cells_velob, cells_acca, cells_accb, TOT ] = RefreshleftLane ( j, k, lane_
posi, lane_velo, lane, lane_acc );
                if TOT == 1
                    lane_posi { 1, j } = cells_posia ;
                    lane_posi { 1, j+1} = cells_posib ;
                    lane_velo { 1, j } = cells_veloa ;
                    lane_velo { 1, j+1 } = cells_velob ;
                    lane_acc { 1 , j } = cells_acca ;
                    lane_acc { 1, j+1 } = cells_accb ;
                    lane { 1, j } = cellsa ;
                    lane { 1, j+1 } = cellsb ;
                    % 统计换道信息
                    TCS = TCS + 1 ;
                    SCS ( TCS, 1 ) = j ;
                    SCS ( TCS, 2 ) = j + 1 ;
                    SCS ( TCS, 3 ) = I ;
                elseif TOT == 0
                    ecl = ecl + 1 ;
                end
            elseif UFR > UFL & UFR > UFT & UFR > 0.5 & UFL < 0.5 & UFT < 0.5 &
rgap > max (gapvelo, a_pcu ) & rbgap > max ( rbvelo, a_pcu ) & length ( lane_
posi { 1, j }) > max ( 10, 0.4 * length ( lane_posi { 1, j-1 }))   % 换道条件,选
择相邻右侧车道
                % 更新模型位置
                [cells_posia, cells_posib, cellsa, cellsb, cells_veloa,
cells_velob, cells_acca, cells_accb, TOT ] = RefreshrightLane ( j, k, lane_
posi, lane_velo, lane, lane_acc );
                if TOT == 1
                    lane_posi { 1, j } = cells_posia ;
                    lane_posi { 1, j-1 } = cells_posib ;
                    lane_velo { 1, j } = cells_veloa ;
                    lane_velo { 1, j-1 } = cells_velob ;
                    lane_acc { 1, j } = cells_acca ;
                    lane_acc { 1, j-1 } = cells_accb ;
                    lane { 1, j } = cellsa ;
                    lane { 1, j-1 } = cellsb ;
                    % 统计换道信息
```

```
                TCS = TCS + 1 ;
                SCS ( TCS, 1 ) = j ;
                SCS ( TCS, 2 ) = j-1 ;
                SCS ( TCS , 3 ) = i ;
            elseif TOT == 0
                ecl = ecl + 1 ;
            end
        end
        k = k-1 ;
    end
  end
end
% 车辆换道结束,进行车辆跟驰阶段
```

附录 C　车辆跟驰仿真代码

```
% 此部分为跟驰模型核心算法
function [cells, cells_posi, cells_velo, st, m, dete, cells_acc ] = carfollow ( i, j, m, loc, cells, cells_posi, st, cells_velo, LN, P, lol, v_max, dv_max, aa, bb, dete, cells_acc, model, f_acc)
detector1 = 1000 ; % 检测器 1 位置
detector2 = 2000 ; % 检测器 2 位置
detector3 = 3000 ; % 检测器 3 位置
detector4 = 4000 ; % 检测器 4 位置
detector5 = 5000 ; % 检测器 5 位置
detbefor = cells_posi(j) ;
v_before = cells_velo(j) ;
fv = fix ( bb * v_before ) ;
cells ( cells_posi (j)) = 0 ;
tx = 500 ;
c_acc = 0 ;
tpcu = 0 ;
if model == 1
    if aa-fv < 22
        if aa -cells_velo ( j ) > 9
            c_acc = 5.3197 * (( aa-fv )^( -1.6116 )) * ( bb^( 4.8996 )) * ( f_acc^( 0 )) ;
            c_acc = fix ( abs ( c_acc )) ;
        else
            c_acc = 30.368 * (( aa-fv )^( -1.593 )) * ( bb^( -0.45868 )) * ( f_acc^( -0.12213 )) ;
            c_acc = -fix( abs ( c_acc ));
        end
    else
        P = 0.9 * P;
        if rand < P
            c_acc = fix( rand * 1.2 * ( dv_max )) ;
        else
            c_acc = 0 ;
        end
    end
```

```
elseif model == 2
    if aa-fv < 40
        if aa -cells_velo ( j ) > 15
            c_acc = 0.2245 * (( aa-fv )^( 0.6511 )) * ( bb^( 0.5257 )) * ( f_acc
^(0.0001)) ;
            c_acc = fix ( abs ( c_acc )) ;
        else
            c_acc = 0.7418 * (( aa-fv )^( -0.1522 )) * ( bb^( 0.8485 )) *
(f_acc^( 0.0003 )) ;
            c_acc = -fix( abs ( c_acc )) ;
        end
    else
        P = 0.7 * P ;
        if rand < P
            c_acc = fix( rand * ( dv_max )) ;
        else
            c_acc = 0 ;
        end
    end
elseif model == 3
    if aa-fv < 38
        if aa -cells_velo ( j ) > 8
            c_acc = 0.22452 * (( aa -fv)^( 0.65106 )) * ( bb^(0.52567 )) * ( f_
acc^( 0.00013079 )) ;
            c_acc = fix( abs ( c_acc )) ;
        else
            c_acc= -0.74181 * (( aa-fv )^( -0.15223 )) * ( bb^( 0.8485 )) * ( f_
acc^( 0.00029312 )) ;
            c_acc= -fix(abs(c_acc)) ;
        end
    else
        P = 0.6 * P ;
        if rand < P
            c_acc = fix (rand * 0.6 * ( dv_max )) ;
        else
            c_acc = 0 ;
        end
    end
```

```
elseif model == 4
    if aa-fv < 18
        if aa -cells_velo ( j ) > 5
            c_acc = 35.357 *(( aa-fv )^( -1.3156 )) *( bb^( 0.54394 )) *( f_acc^( 0.00026513 )) ;
            c_acc = fix( abs ( c_acc )) ;
        else
            c_acc = -( 0.0001 ) *(( aa-fv)^( 3.1173 )) *( bb^( -0.79444 )) *(f_acc^( -0.19063 )) ;
            c_acc= -fix( abs( c_acc )) ;
        end
    else
        P=0.8 * P;
        if rand < P
            c_acc= fix ( rand * ( dv_max ));
        else
            c_acc = 0 ;
        end
    end
end
if rand > P
    dv_max = fix( 1.2 * dv_max ) ;
end
c_acc ( find ( isnan ( c_acc ) ==1)) = 0 ;
if c_acc == Inf
    c_acc = dv_max ;
elseif c_acc == -Inf
    c_acc = -dv_max ;
end
if c_acc > dv_max
    c_acc = dv_max ;
elseif c_acc <-dv_max
    c_acc = -dv_max ;
end
c_velo = c_acc + v_before ;
if c_velo <= 0
    if v_before == 0 % 解决长时间停滞现象
        if rand > P
```

```
            c_velo = fix(( rand + 1 ) * 0.5 * dv_max ) ;
        else
            c_velo = fix ( rand * dv_max ) ;
        end
    else
        if rand > P
            c_velo = max ( 0, v_before -dv_max ) ;
        else
            c_velo = 0 ;
        end
    end
end
if c_velo > v_before
    c_velo = min ( c_velo, v_before + dv_max ) ;
else
    c_velo = max ( c_velo, v_before-dv_max ) ;
end
if c_velo > v_max
    if v_before >= v_max
        c_velo = v_max-fix ( rand * 0.5 * dv_max ) ;
    else
        if rand > 0.9
            c_velo = min ( c_velo, v_max + fix ( rand * dv_max )) ;
        else
            c_velo = min ( c_velo, v_max ) ;
        end
    end
end
c_velo = max ( c_velo, 0 ) ;
c_velo = min ( c_velo, aa-1 ) ;
c_velo = max ( c_velo, 0 ) ;
cells_posi(j) = c_velo + cells_posi(j) ;% 更新车辆的位置
if cells_posi(j) > LN
    cells_posi(j) = cells_posi(j)-LN ;
    cells ( cells_posi(j) ) = lol ;
else
    cells ( cells_posi(j) ) = lol ;
end
```

```
cells_acc(j) = c_velo -v_ before ;
cells_velo(j) = c_velo ;
detafter = cells_ posi(j) ;
st(m,1) = cells_ posi(j) ; % 车辆位置
st(m,2) = lol ; % 车辆性质,是公交车还是小轿车
st(m,3) = i ;% 仿真轮回
st(m,4) = cells_acc(j) ;% 更新加速度
st(m,5) = cells_velo(j) ;% 更新车速
m = m + 1 ;
dete( m, 11 ) = i ;
if lol == 10
    tpcu = 1 ;
elseif lol == 18
    tpcu = 2 ;
end
if detbefor < detector1 && detafter >= detector1
    dete( m, 1 ) = tpcu ;
    dete( m, 2 ) = cells_velo ( j ) ;
elseif  detbefor < detector2 && detafter >= detector2
    dete( m, 3 ) = tpcu ;
    dete( m, 4 ) = cells_velo ( j ) ;
elseif  detbefor < detector3 && detafter >= detector3
    dete ( m, 5 ) = tpcu ;
    dete ( m, 6 ) = cells_velo ( j ) ;
elseif  detbefor < detector4 && detafter >= detector4
    dete ( m, 7 ) = tpcu ;
    dete ( m, 8 ) = cells_velo( j ) ;
elseif  detbefor < detector5 && detafter >= detector5
    dete ( m, 9 ) = tpcu ;
    dete ( m, 10 ) = cells_velo ( j ) ;
else
    dete ( m, 1 ) = 0 ;
    dete ( m , 2 ) = 0 ;
    dete ( m , 3 ) = 0 ;
    dete ( m , 4 ) = 0 ;
    dete ( m , 5 ) = 0 ;
    dete ( m , 6 ) = 0 ;
    dete ( m , 7 ) = 0 ;
```

```
    dete ( m , 8 ) = 0 ;
    dete ( m , 9 ) = 0 ;
    dete ( m , 10 ) = 0 ;
    dete ( m , 11 ) = 0 ;
end
end
```

附录 D 车道车辆更新仿真代码

```
% 更新换道以后的车辆位置程序
function [ cells_posia, cells_posib, cellsa, cellsb, cells_veloa, cells_velob, cells_acca, cells_accb, TOT ] = RefreshleftLane ( j, k, lane_posi, lane_velo, lane, lane_acc )
% 数据赋值
cells_posia = lane_posi{ 1, j } ;
cells_posib = lane_posi{ 1, j+1 } ;
cells_veloa = lane_velo{ 1, j } ;
cells_velob = lane_velo{ 1, j+1 } ;
cellsa = lane{ 1, j } ;
cellsb = lane{ 1, j+1} ;
cells_acca = lane_acc{ 1, j } ;
cells_accb = lane_acc{ 1, j+1 } ;
kk = max( cells_posib ) ;
km = find( cells_posib == kk ) ;
kl = length( cells_posib ) ;
mkk = min( cells_posib ) ;
mkm = find( cells_posib == mkk ) ;
del = cells_posia( k ) ;
dev = cells_veloa( k ) ;
dea = cells_acca( k ) ;
cellsb( del ) = cellsa( del ) ;
t = 1 ;
if cells_posia( k ) > kk & km == kl
    cells_posib = [ cells_posib( 1: end ) del ] ;
    cells_velob = [ cells_velob( 1:end ) dev ] ;
    cells_accb = [ cells_accb( 1: end) dea ] ;
elseif cells_posia( k ) > kk & km < kl
    cells_posib = [ cells_posib( 1: km ) del cells_posib( km + 1: end )] ;
    cells_velob = [ cells_velob( 1: km ) dev cells_velob( km + 1: end )];
    cells_accb = [ cells_accb( 1: km ) dea cells_accb( km + 1: end )] ;
else
    d = find( cells_posib > cells_posia( k )) ;
    dm = find( cells_posib == min( cells_posib( d ))) ;
    if dm > 1
```

```
        cells_posib = [ cells_posib( 1: dm-1) del cells_posib( dm: end )] ;
        cells_velob = [ cells_velob( 1: dm-1) dev cells_velob( dm: end )] ;
        cells_accb = [ cells_accb( 1: dm-1) dea cells_accb( dm: end )] ;
    elseif dm == 1
        cells_posib = [ del cells_posib( 1: end )] ;
        cells_velob = [ dev cells_velob( 1: end )] ;
        cells_accb = [ dea cells_accb( 1: end )] ;
    end

end
%更新本车道数据
lcell = 0 ;
for tk = length( cells_posib ) : -1 : 1
    if tk == 1
        if cells_posib( tk ) < cells_posib( length( cells_posib ))
lcell( tk ) = length( cellsb ) + cells_posib( tk ) -cells_posib( length(
cells_posib )) -cellsb( cells_posib( tk )) ;
        else
            lcell( tk ) = cells_posib( tk ) -cells_posib( length( cells_
posib )) -cellsb( cells_posib( tk )) ;
        end
    else
        if cells_posib( tk ) < cells_posib( tk-1 )
            lcell( tk ) = length( cellsb ) + cells_posib( tk ) -cells_posib(
tk-1 ) -cellsb( cells_posib( tk )) ;
        else
            lcell( tk ) = cells_posib( tk ) -cells_posib( tk-1 ) -cellsb(
cells_posib( tk )) ;
        end
    end
end
lcell ;
min( lcell ) ;
if find( lcell <= 0 ) > 0
    cells_posia = lane_posi{ 1, j } ;
    cells_posib = lane_posi{ 1, j+1 } ;
    cells_veloa = lane_velo{ 1, j } ;
    cells_velob = lane_velo{ 1, j+1} ;
```

```
        cellsa = lane{ 1, j } ;
        cellsb = lane{ 1, j+1 } ;
        cells_acca = lane_acc{ 1, j } ;
        cells_accb = lane_acc{ 1, j+1 } ;
        TOT = 0 ;
    else
        cellsa( del ) = 0 ;
        cells_posia( k ) = [] ;
        cells_veloa( k ) = [] ;
        cells_acca( k ) = [] ;
        TOT = 1 ;
    end
end
```

主要变量及符号注释表

符　号	含　义	备　注
Q_m	单车道的理论最大交通流量	
$Q_{n,m}$	n 车道路段的理论最大交通流量	
K_m	最佳交通流密度	
K_J	堵塞交通流密度	
K_H	满足公交专用道间歇式优化管理所需的最佳交通流密度	
Q_U	路段存在移动瓶颈能达到的最大交通流量	
V_s	路段空间平均车速	
$x_{n,t}$	第 n 辆车（后车）在 t 时刻的位置	
$\dot{x}_{n,t}$	第 n 辆车在 t 时刻的速度	
$\ddot{x}_{n,t}$	第 n 辆车在 t 时刻的加速度	
L_{n-1}	第 $n-1$ 辆车的车长	
SSE	预测值的离差平方和	
SS_{yy}	调查数据自身的总离差平方和	
w_{Li}	路段 Li 车道的宽度	
$g_{Li}(m+1, m)$	Li 车道上 $m+1$ 车与 m 车之间的车头间隔	
$g_{(L2, L1)}(m, k-1)$	$L2$ 车道 m 车与目标车道 $L1$ 上 $k-1$ 车之间的车头间隔	
$P_m(L2, L3)$	$L2$ 车道上 m 车选择换道进入 $L3$ 车道的概率	
$v_n(t+T)$	$t+T$ 时刻车辆 n 在 $n-1$ 车影响下能得到的最大期望车速	

续表

符号	含义	备注
b_n	车辆 n 能承受的最大制动速度	
$\hat{b}$	车辆 n 估算的前车 $n-1$ 的制动速度	
δ_{tn}^{L}	功能函数	值为0或1
U_{tn}	驾驶员 n 在 t 时刻感知的目标车道 l 的效用	
V_{ln}	目标车道 l 自身交通运行环境能够体现的效用值	
L_n	驾驶员 n 可选择的车道组合	
ε_{ltn}	驾驶员 n 时间 t 对目标车道 l 产生的随机误差变量	服从标准正态分布
X_{ltn}	目标车道 l 效用函数的解释变量	
β	效用函数的解释变量对应的相关系数向量	
v_n	驾驶员自身特性对车道 l 的效用产生的随机影响	服从标准正态分布
α^l	驾驶员自身特性对车道 l 效用产生的随机变量	
β_0^l	目标车道 l 效用函数的固定项	
D_{ltn}	目标车道 l 的交通流密度	
V_{ltn}^{avg}	目标车道 l 的平均车速	
ΔX_{ltn}^{front}	车辆 n 与目标车道 l 上相邻前车的车头间距	
ΔV_{ltn}^{front}	车辆 n 与目标车道 l 上相邻前车的速度差	
ΔX_{ltn}^{lag}	车辆 n 与目标车道 l 上相邻后车的车头间距	
ΔV_{ltn}^{lag}	车辆 n 与目标车道 l 上相邻后车的速度差	
$G_n^{lead}(t)$	车辆 n 与相邻前车的临界车头间距	
$G_n^{lag}(t)$	车辆 n 与相邻后车的临界车头间距	
τ	仿真的步长	
v_{free}	车辆的最大自由行驶速度	
$v_{s,n}$	车辆为了避免碰撞的安全车速	
$v_{c,n}$	车辆加减速性能和车辆的同步距离 D_n 决定的车辆速度	

参 考 文 献

[1] 杨涛. 成长的烦恼与理性的选择 [J]. 城市交通, 2007 (2): 102.
[2] 朱明皓. 城市交通拥堵的社会经济影响分析 [D]. 北京: 北京交通大学, 2013.
[3] 徐东云. 城市交通拥堵与城市空间扩展的关系研究 [D]. 北京: 北京交通大学, 2009.
[4] 贾顺平, 周洋帆, 张思佳. 交通拥堵收费的经济意义与社会条件分析 [J]. 交通运输系统工程与信息, 2014 (1): 14~19.
[5] 赵蕾. 城市交通拥堵治理: 政策比较与借鉴 [J]. 中国行政管理, 2013 (5): 82~85.
[6] 毕岩岩, 肖敏, 周溪召. 国外大中城市公交优先发展及启示 [J]. 城市发展研究, 2013 (11): 87~90.
[7] 郭继孚, 刘莹, 余柳. 对中国大城市交通拥堵问题的认识 [J]. 城市交通, 2011 (2): 8~14.
[8] 杨涛, 张泉. 公交优先导向下的城市总体规划——构建公交都市的空间框架 [J]. 城市规划, 2011 (2): 22~25.
[9] 张志良, 赵贝, 田庆飞. 基于公交优先的居民出行方式结构与社会效益最大化研究 [J]. 公路交通科技, 2012 (8): 127~131.
[10] Newell G F. A moving bottleneck [J]. Transportation Research Part B: Methodological. 1998, 32 (8): 531~537.
[11] Daganzo C F, Laval J A. Moving bottlenecks: A numerical method that converges in flows [J]. Transportation Research Part B: Methodological, 2005, 39 (9): 855~863.
[12] Munoz J C, Daganzo C F. Moving bottlenecks: a theory grounded on experimental observation [R]. University of California Transportation Center Working Paper, 2004.
[13] Yuan F, Jianzhong C, Zhiyuan P. The effect of moving bottlenecks on a two-lane traffic flow [J]. Chinese Physics B, 2013, 22 (10): 638~645.
[14] Eichler M, Daganzo C F. Bus lanes with intermittent priority: Strategy formulae and an evaluation [J]. Transportation Research Part B: Methodological, 2006, 40 (9): 731~744.
[15] Viegas J E, Lu B. Widening the scope for bus priority with intermittent bus lanes [J]. Transportation Planning and Technology, 2001, 24 (2): 87~110.
[16] Zhu H B. Numerical study of urban traffic flow with dedicated bus lane and intermittent bus lane [J]. Physica A: Statistical Mechanics and its Applications. 2010, 389 (16): 3134~3139.
[17] Viegas J E, Lu B. The intermittent bus lane signals setting within an area [J]. Transportation Research Part C: Emerging Technologies, 2004, 12 (6): 453~469.
[18] 谢秋峰, 李文权, 邱丰, 等. 设置间歇式公交专用道的道路路段通行能力 [J]. 交通信息与安全, 2012 (4): 34~38.
[19] Eichler M D. Bus Lanes with Intermittent Priority: Assessment and Design [D]. University of California, 2005.
[20] HCM2010: Highway Capacity Manual [M]. Washington, D. C.: TRB, National Research

Council, 2010.

[21] 王炜，过秀成．交通工程学［M］．南京：东南大学出版社，2000.

[22] 刘雪杰，孙明正，李民伟，等．京通快速路公交专用车道建设效果评估［J］．城市交通，2012（3）：33~39.

[23] 孙晓．考虑分时设置的公交专用道线网布局优化问题研究［D］．大连：大连海事大学，2018.

[24] Li S, Ju Y. Evaluation of Bus-Exclusive Lanes［J］. IEEE Transactions on Intelligent Transportation Systems, 2009, 10（2）：236~245.

[25] Arasan V T, Vedagiri P. Microsimulation study of the effect of exclusive bus lanes on heterogeneous traffic flow［J］. Journal of Urban Planning and Development, 2010, 136（1）：50~58.

[26] Arasan V T, Vedagiri P. Study of the impact of exclusive bus lane under highly heterogeneous traffic condition［J］. Public Transport, 2010, 2（1）：135~155.

[27] Zhu H B. Numerical study of urban traffic flow with dedicated bus lane and intermittent bus lane［J］. Physica A：Statistical Mechanics and its Applications, 2010, 389（16）：3134~3139.

[28] Mesbah M, Sarvi M, Currie G. Optimization of Transit Priority in the Transportation Network Using a Genetic Algorithm［J］. IEEE Transactions on Intelligent Transportation Systems, 2011, 12（3）：908~919.

[29] Yao J, Shi F, Zhou Z, et al. Combinatorial optimization of exclusive bus lanes and bus frequencies in multi-modal transportation network［J］. Journal of Transportation Engineering, 2012, 138（12）：1422~1429.

[30] Jang K, Cassidy M J. Dual influences on vehicle speed in special-use lanes and critique of US regulation［J］. Transportation Research Part A：Policy and Practice, 2012, 46（7）：1108~1123.

[31] Xu H, Zheng M. Impact of Bus-Only Lane Location on the Development and Performance of the Logic Rule-Based Bus Rapid Transit Signal Priority［J］. Journal of Transportation Engineering, 2012, 138（3）：293~314.

[32] Ismail R, Hafed M H, Ismail A. Implementing specific lane length on bus route for operation delays reduction［J］. Journal of Applied Sciences, 2012, 12（19）：2077~2081.

[33] Zhu L, Yu L, Chen X, et al. Simulated Analysis of Exclusive Bus Lanes on Expressways：Case Study in Beijing, China［J］. Journal of Public Transportation, 2012, 15（4）：111~128.

[34] Guler S I, Cassidy M J. Strategies for sharing bottleneck capacity among buses and cars［J］. Transportation Research Part B：Methodological, 2012, 46（10）：1334~1345.

[35] Guler S I, Menendez M. Analytical formulation and empirical evaluation of pre-signals for bus priority［J］. Transportation Research Part B：Methodological, 2014, 64：41~53.

[36] Chen X, Yu L, Jia X, et al. Analytical procedures for estimating the capacity of the urban expressway section near off-ramps and on-ramps with a median exclusive bus lane［J］. Journal of Transportation Engineering, 2014, 140（3）.

[37] Khoo H L, Ong G P. Bi-Objective Optimization Approach for Exclusive Bus Lane Scheduling

Design [J]. Journal of Computing in Civil Engineering, 2015, 29 (5): 4014051~4014056.

[38] Mane A S, Sarkar A K, Arkatkar S S, et al. Effect of bus-lane usage by private vehicles on modal shift [J]. Proceedings of the Institution of Civil Engineers: Transport. 2018, 171 (2): 85~97.

[39] 李铁柱, 丁建友, 孙云峰, 等. 城市主干道公交专用道设置交通条件研究 [J]. 昆明理工大学学报 (理工版), 2010 (1): 56~60.

[40] 雷莲桂, 向凯, 王力劭, 等. 不同饱和度下交叉口公交专用进口道运行效果研究 [J]. 交通运输系统工程与信息, 2011 (S1): 90~96.

[41] 马红江, 赵雅秀, 李政, 等. 公交专用车道设置效益分析 [J]. 交通信息与安全, 2011, 29 (159): 86~88.

[42] 吕斌, 牛惠民. 信号交叉口公交专用进口道设置条件与效果分析 [J]. 兰州交通大学学报, 2011 (6): 127~131.

[43] 杜怡曼, 吴建平, 贾宇涵, 等. 基于微观交通仿真的快速公交专用道效益评估 [J]. 武汉大学学报 (工学版), 2014 (1): 85~89.

[44] 李娟, 刘安阳. 公交专用道的设置方式对信号控制交叉目通行能力影响 [J]. 交通运输工程与信息学报, 2016 (4): 10~17, 29.

[45] 陈炯迪, 姜桂艳, 刘彬, 等. 公交专用道绿波信号协调控制及仿真 [J]. 武汉理工大学学报 (交通科学与工程版), 2015 (4): 837~841.

[46] 徐建闽, 曾令宇, 荆彬彬, 等. 基于逆向可变车道的交叉口公交左转优先方法 [J]. 重庆交通大学学报 (自然科学版), 2017 (2): 78~84.

[47] 陈艳艳, 赵晋, 赖见辉, 等. 京通快速公交专用道时段设置优化研究 [J]. 重庆交通大学学报 (自然科学版), 2017 (7): 90~95.

[48] 吴娇蓉, 王宇沁, 魏明, 等. 路侧公交专用道设置长度对公交线路运行可靠性的影响 [J]. 吉林大学学报 (工学版), 2017 (1): 82~91.

[49] 左忠义, 杨广川, 邵春福. 基于公交优先的小汽车出行向公交转移模型研究 [J]. 交通运输系统工程与信息, 2012 (1): 124~130.

[50] 王涛, 陈峻. 基于时间效益的城市公交专用道设置流量条件 [J]. 哈尔滨工业大学学报, 2014 (4): 115~121.

[51] 陆化普, 孙煦, 吴娟. 公交专用道优化设计的双层规划模型 [J]. 中国公路学报, 2015 (2): 87~94.

[52] 卢小林, 俞洁, 邹难. 公交专用道选址与公交线网组合优化模型 [J]. 交通运输工程学报, 2016 (2): 132~142.

[53] 卢小林, 潘述亮, 邹难. 公交专用道选址与公交优先控制组合优化模型 [J]. 上海交通大学学报, 2017 (7): 846~854.

[54] 四兵锋, 杨小宝, 高亮. 基于系统最优的城市公交专用道网络设计模型及算法 [J]. 中国管理科学, 2016 (6): 106~114.

[55] 马书红, 王瑶, 刘琼. 公交专用道全寿命周期成本效益分析 [J]. 武汉理工大学学报

（交通科学与工程版），2014，38（2）：254~258.

[56] 霍月英，李文权．基于VISSIM仿真的公交专用道延误与流量关系研究［J］．计算机应用研究，2016（5）：1363~1365.

[57] 陈芳，龙建成．基于双层规划的城市公交专用道优化设计［J］．合肥工业大学学报（自然科学版），2016（3）：296~302.

[58] 郭晖，李文权．设置临时性公交专用道的效益分析［J］．交通运输工程与信息学报，2011（2）：92~96.

[59] 董红召，赵玉婷．基于PARAMICS的公交专用道时分复用方法研究及优化［J］．浙江工业大学学报，2012（1）：65~69.

[60] 邱丰，李文权，张健，等．站点设置形式对公交专用道通行能力的影响分析［J］．交通运输工程与信息学报，2012（1）：58~63.

[61] 谢秋峰，李文权，邱丰，等．设置间歇式公交专用道的道路路段通行能力［J］．交通信息与安全，2012（4）：34~38.

[62] 刘昱岗，徐宜河．间歇性优先公交车道的预留长度［J］．交通科学与工程，2014（3）：76~80.

[63] Highway Capacity Manual：Paractical Applications of Research［M］. Washington，D. C.：Bureau of Public Roads，U. S. Department of Commerce，1950.

[64] Kerner B S. Three-phase traffic theory and highway capacity［J］. Physica A-Statistical Mechanics and Its Applications，2004，333：379~440.

[65] Thenoux G，Lastra S. Producing a free-flow model for the first Chilean freeway using Highway Capacity Manual 2000［J］. Journal of Transportation Engineering-ASCE，2005，131（12）：961~962.

[66] Laval J A. Stochastic processes of moving bottlenecks -Approximate formulas for highway capacity［J］. Transportation Research Record Journal of the Transportation Research Board，2006，1988（1）：86~91.

[67] Subprasom K，Chen A. Effects of regulation on highway pricing and capacity choice of a build-operate-transfer scheme［J］. Journal of Construction Engineering and Management-ASCE，2007，133（1）：64~71.

[68] Brilon W，Geistefeldt J，Zurlinden H. Implementing the concept of reliability for highway capacity analysis［J］. Transportation Research Record，2007（2027）：1~8.

[69] Zegeer J D，Blogg M，Nguyen K，et al. Default Values for Highway Capacity and Level-of-Service Analyses［J］. Transportation Research Record，2008（2071）：35~43.

[70] Jiang R，Hu M B，Jia B，et al. Enhancing highway capacity by homogenizing traffic flow［J］. Transportmetrica，2008，4（1）：51~61.

[71] Yao J，Rakha H，Teng H L，et al. Estimating Highway Capacity Considering Two-Regime Models［J］. Journal of Transportation Engineering-ASCE，2009，135（9）：670~676.

[72] Kim J，Elefteriadou L. Estimation of Capacity of Two-Lane Two-Way Highways Using Simulation

Model [J]. Journal of Transportation Engineering-ASCE, 2010, 136 (1): 61~66.

[73] Yoshida Y. Pricing, Capacity, and Construction Boundary of A Congestible Highway With An Elastic Demand: Social Optim, Second Best, Privatization, and Vertical Disintegration [J]. Japanese Economic Review, 2011, 62 (3): 401~424.

[74] Kerner B S, Klenov S L, Schreckenberg M. Simple cellular automaton model for traffic breakdown, highway capacity, and synchronized flow [J]. Phydivsal Review E, 2011, 84 (04611042).

[75] Roess R P. Speed-Flow Curves for Freeways in Highway Capacity Manual 2010 [J]. Transportation Research Record, 2011 (2257): 10~21.

[76] Cao N Y, Sano K. Estimating Capacity and Motorcycle Equivalent Units on Urban Roads in Hanoi, Vietnam [J]. Journal of Transportation Engineering-ASCE, 2012, 138 (6): 776~785.

[77] Patel C R, Joshi G J. Capacity and LOS for Urban Arterial Road in Indian Mixed Traffic Condition [J]. Procedia-Social and Behavioral Sciences, 2012, 48: 527~534.

[78] Dhamaniya A, Chandra S. Concept of Stream Equivalency Factor for Heterogeneous Traffic on Urban Arterial Roads [J]. Journal of Transportation Engineering, 2013, 139 (11): 1117 ~1123.

[79] Bassan S. Modeling of peak hour factor on highways and arterials [J]. KSCE Journal of Civil Engineering, 2013, 17 (1): 224~232.

[80] Modi V, Kondyli A, Washburn S S, et al. Freeway Capacity Estimation Method for Planning Applications [J]. Journal of Transportation Engineering. 2014, 140 (050140049).

[81] De Luca M, Dell´Acqua G. Calibrating the passenger car equivalent on Italian two line highways: a casc study [J]. Transport, 2014, 29 (4): 449~456.

[82] Mehar A, Chandra S, Velmurugan S. Highway capacity through vissim calibrated for mixed traffic conditions [J]. KSCE Journal of Civil Engineering, 2014, 18 (2): 639~645.

[83] 孙朝苑. 混合车流条件下路段通行能力的灰色定权聚类修正研究 [J]. 公路, 2003 (5): 97~99.

[84] 冯雪松, 王铁城, 陈善亮. 车速对道路通行能力的影响及对策分析 [J]. 城市公共交通, 2003 (5): 7~9.

[85] 谢洪新, 成礼平, 过秀成. 双车道公路通行能力计算机模拟程序设计 [J]. 公路交通科技, 2003 (S1): 136~138.

[86] 熊烈强, 李杰, 商蕾, 等. 路段通行能力及其服务水平指标的研究 [J]. 武汉理工大学学报 (交通科学与工程版), 2004, 28 (4): 511~514.

[87] 高爱霞, 陈艳艳, 荣建. 基于 BP 神经网络技术的路段实际通行能力 [J]. 北京工业大学学报, 2004 (4): 462~465.

[88] 张枭雄, 隽志才, 贾洪飞. 不同流量条件下车道利用率的仿真研究 [J]. 公路交通科技, 2005, 22 (6): 117~120.

[89] 张亚平. 快速路基本路段交通流特性和通行能力研究 [D]. 哈尔滨: 哈尔滨工业大

学, 2005.
[90] 钟连德, 李秀文, 荣建, 等. 城市快速路基本路段通行能力的确定 [J]. 北京工业大学学报, 2006, 32 (7): 605~609.
[91] 柳荫. 城市多车道道路通行能力研究 [D]. 南京: 东南大学, 2006.
[92] 章小军, 彭国雄, 董博, 等. 非港湾式停靠站对路段通行能力的影响研究 [J]. 公路交通科技, 2007, 24 (1): 143~146.
[93] 张亚平, 胡章立, 刘苏. 高速公路路段通行能力模糊综合评判 [J]. 公路交通技术, 2007 (3): 156~158.
[94] 张亚平, 胡章立. 应用模糊数学评判高速公路路段通行能力 [J]. 公路, 2007 (3): 94~96.
[95] 李爱增, 李文权. 路段多车型混合车流通行能力 [J]. 东南大学学报 (自然科学版), 2007, 37 (5): 926~929.
[96] 谢军. 高速公路通行能力分析与服务质量评价研究 [D]. 西安: 长安大学, 2007.
[97] 杨孝宽, 曹静, 宫建. 公交停靠站对基本路段通行能力影响 [J]. 北京工业大学学报, 2008, 34 (1): 65~71.
[98] 邵敏华, 孙立军. 城市道路等效通行能力概念的提出及理论解释 [J]. 同济大学学报 (自然科学版), 2008 (3): 310~314.
[99] 张小宁, 李乐园, 张红军. 通行能力变化时的瓶颈交通分配模型应用研究 [J]. 同济大学学报 (自然科学版), 2008 (3): 315~318.
[100] 杨小宝, 张宁. 道路通行能力中车道数因素的数学分析 [J]. 武汉理工大学学报 (交通科学与工程版), 2008 (4): 603~606.
[101] 邵长桥, 周洁, 荣建. 道路通行能力不确定性分析方法研究 [J]. 武汉理工大学学报 (交通科学与工程版), 2009, 33 (4): 620~622, 670.
[102] 杜攀峰, 金双泉, 李嘉. 高速公路路段通行能力仿真研究 [J]. 湖南大学学报 (自然科学版), 2009 (6): 7~12.
[103] 周均, 甘守武, 徐进, 等. 道路通行能力模型及其受车辆性能影响分析 [J]. 重庆交通大学学报 (自然科学版), 2010 (2): 272~275.
[104] 杨中良, 林瑜, 高霄. 恶劣天气条件下城市快速路通行能力研究 [J]. 交通信息与安全, 2010 (1): 75~78.
[105] 臧晓冬, 周伟. 基于车头间距变量的通行能力理论模型 [J]. 公路交通科技, 2010 (2): 103~107.
[106] 徐林, 叶以农, 杨孝宽. 北京市城市干道通行能力及规划参数研究 [J]. 武汉理工大学学报 (交通科学与工程版), 2011, 35 (2): 392~396.
[107] 何胜学, 李秋曼, 何建佳, 等. 通行能力约束下的弹性需求交通投影动态演化模型 [J]. 公路交通科技, 2011 (7): 124~130.
[108] 刘利娟, 张宁, 陈蒂, 等. 弹性需求下路段通行能力的退化状态分析 [J]. 交通运输系统工程与信息, 2012, 12 (1): 98~104.

[109] 谢秋峰，李文权，邱丰，等．设置间歇式公交专用道的道路路段通行能力［J］．交通信息与安全，2012，30（4）：34～38，47.

[110] 李成利，张先贞．混合交通流中公交车对其他车辆的影响［J］．内蒙古公路与运输，2013（4）：66～68.

[111] 邵长桥．快速路路段通行能力非参数估计方法［J］．武汉理工大学学报（交通科学与工程版），2013，37（2）：270～273.

[112] 袁静．公交停靠站对道路通行能力的影响分析［D］．成都：西南交通大学，2013.

[113] 孙锋，金茂菁，王殿海，等．公交站点对路段通行能力的影响研究［J］．北京理工大学学报．2013（12）：1284～1288.

[114] 孙剑，张娟．城市快速路瓶颈交通流失效生存分析［J］．同济大学学报（自然科学版），2013（4）：530～535.

[115] 柳广兴，杨永清．北京市次干道上车道被占用对通行能力的影响［J］．江南大学学报（自然科学版），2014（4）：416～420.

[116] 蒋阳升，陈巍，陈粤飞．多线港湾式公交站点高峰期通行能力模型修正［J］．西华大学学报（自然科学版），2014（6）：53～56.

[117] 李永义，周正华，蒋知之，等．震后公路实际通行能力理论模型［J］．南京工业大学学报（自然科学版），2014，36（5）：102～106.

[118] Leduc G. Road traffic data: Collection methods and applications [J]. Working Papers on Energy, Transport and Climate Change, 2008, 1: 55.

[119] 孙山，李文权，柏海舰．高速公路合流区车辆换算系数研究［J］．交通信息与安全，2010（1）：54～58.

[120] 曲大义，杨建，陈秀锋，等．动态车辆换算系数的交通流特性分析方法［J］．公路交通科技，2012（4）：132～136.

[121] Pipes L A. An Operational Analysis of Traffic Dynamics [J]. Journal of Applied Physics, 1953, 24 (3): 274.

[122] Gipps P G. A behavioural car-following model for computer simulation [J]. Transportation Research Part B: Methodological, 1981, 15 (2): 105～111.

[123] Forbes T W. Human factor considerations in traffic flow theory [J]. Highway Research Record, 1963 (15).

[124] Chandler R E, Herman R, Montroll E W. Traffic Dynamics: Studies in Car Following [J]. Operations Research, 1958, 6 (2): 165～184.

[125] Gazis D C, Herman R, Potts R B. Car-Following Theory of Steady-State Traffic Flow [J]. Operations Research, 1959, 7 (4): 499～505.

[126] Gazis D C, Herman R, Rothery R W. Nonlinear Follow-the-Leader Models of Traffic Flow [J]. Operations Research, 1961, 9 (4): 545～567.

[127] Edie L C. Car-Following and Steady-State Theory for Noncongested Traffic [J]. Operations Research, 1961, 9 (1): 66～76.

[128] May A D, Harmut E M. Non-integer car-following models [J]. Highway Research Record, 1967.

[129] Jiang R, Wu Q, Zhu Z. Full velocity difference model for a car-following theory [J]. Physical Review E, 2001, 64 (1) .

[130] Heyes M P, Ashworth R. Further research on car-following models [J]. Transportation Research, 1972, 6 (3): 287~291.

[131] Wiedemann R. Modelling of RTI-Elements on multi-lane roads [C]. 1991.

[132] Kikuchi S, Chakroborty P. Car-Following Model Based on a Fuzzy Inference System [J]. Transportation Research Record, 1992 (1365): 82~91.

[133] 李力, 姜锐. 现代交通流理论与应用 [M]. 北京: 清华大学出版社, 2010.

[134] Chandler R E, Herman R, Montroll E W. Traffic Dynamics: Studies in Car Following [J]. Operations Research, 1958, 6 (2): 165~184.

[135] Kometani E A S T. Dynamic Behaviour of Traffic with a Nonlinear Spacing-Speed Relationship [Z]. Proceedings of JSCE, 1959: 105~119.

[136] Gazis D C, Herman R, Potts R B. Car-Following Theory of Steady-State Traffic Flow [J]. Operations Research, 1959, 7 (4): 499~505.

[137] Ozaki H. Reaction and anticipation in the car following behavior [J]. Proe of Istlt 1993, 49 (6): 2302~2306.

[138] Subramanian H. Estimation of Car-Following Models [D]. Massachusetts Institute of Technology, 1996.

[139] Siuhi S. Parametric study of stimulus-response behavior incorporating vehicle heterogeneity in car-following models [D]. [Doctoral Thesis]. University of Nevada, 2009.

[140] Gipps P G. A Model for the Structure of Lane-changing Decisions [J]. Transportation Research Part B-Methodological. 1986, 20 (5): 403~414.

[141] Yang Q, Koutsopoulos H N. A microscopic traffic simulator for evaluation of dynamic traffic management systems [J]. Transportation Research Part C-Emercing Technologies, 1996, 4 (3): 113~129.

[142] Ahmed K I. Modeling drivers' acceleration and lane changing behavior [D]. Massachusetts Institute of Technology, 1999.

[143] Choudhury C F. Modeling driving decisions with latent plans [D]. Massachusetts Institute of Technology, 2007.

[144] Sun D J, Elefteriadou L. A Driver Behavior-Based Lane-Changing Model for Urban Arterial Streets [J]. Transportation Science, 2014, 48 (2): 184~205.

[145] Wang Y, Zhang G, Northwest T. A Self-Adaptive Toll Rate Algorithm for High Occupancy Toll (HOT) Lane Operations [R]. Transportation Northwest, University of Washington, 2009.

[146] Zhang G, Wang Y, Wei H, et al. A feedback-based dynamic tolling algorithm for High-Occupancy Toll Lane operations [J]. Transportation Research Record: Journal of the Transportation

Research Board, 2008, 2065 (1): 54~63.

[147] Zhang G, Yan S, Wang Y. Simulation-based investigation on high-occupancy toll lane operations for Washington State Route 167 [J]. Journal of Transportation Engineering, 2009, 135 (10): 677~686.

[148] 贾斌, 高自友, 李克平, 等. 基于元胞自动机的交通系统建模与模拟 [M]. 北京: 科学出版社, 2007.

[149] Kerner B S, Klenov S L, Wolf D E. Cellular automata approach to three-phase traffic theory [J]. Journal of Physics A: Mathematical and General, 2002, 35 (47): 9971.